읽는 개 좋아

읽는 개 좋아
빌보와 함께 책을

초판 1쇄 발행 2019년 11월 15일

지은이 구달
펴낸이 황남희
책임편집 손선일, 안지혜, 황부농
디자인 스튜디오 티끌
일러스트 문제이

펴낸곳 이후진프레스
출판등록 2018년 1월 9일(제25100-2018-000002호)
이메일 2huzine@gmail.com
인스타그램 @now_afterbooks

ISBN 979-11-962955-7-8 (03810)
값 12,000원

이후진프레스는 독립책방 이후북스의 출판 브랜드입니다.

이 도서의 국립중앙도서관 출판예정도서목록(CIP)은
서지정보유통지원시스템 홈페이지(http://seoji.nl.go.kr)와
국가자료종합목록 구축시스템(http://kolis-net.nl.go.kr)에서
이용하실 수 있습니다. (CIP제어번호 : CIP2019044003)

읽는 개 좋아
빌보와 함께 책을

구달

차례

여는 글	⋯ 8
개의 눈으로 독서	⋯ 12
미래에서 온 닥스훈트	⋯ 20
두 빌보 이야기	⋯ 26
감정을 온몸으로 표현하는 동물	⋯ 36
이 죽일 놈의 이갈이	⋯ 46
진정한 우정은 우정이 아니었음을	⋯ 52
비밀의 풀숲을 달리다	⋯ 60
공감의 이유	⋯ 70
카를교에 서서	⋯ 82

세상을 바꾸려는 작은 노력	⋯ 92
누군가에게 응원이 되길	⋯ 104
개를 위한 법은 없다	⋯ 112
산책이 뭐라고	⋯ 124
메밀막국수의 추억	⋯ 134
나의 이름으로 나를 불러줘	⋯ 140
개와 인간이 살고 있습니다	⋯ 148
슬픔을 덜어주는 따뜻한 온기	⋯ 158
쥐와 개와 인간이 얽힌 세상	⋯ 164
맺는 글	⋯ 170

여는 글

빌보는 2015년 5월 10일에 태어났다. 경기도 화성에 있는 '베르네 집'에서 자매 둘, 형제 하나와 함께. 형제자매와는 생후 3개월 무렵에 헤어졌지만 엄마 도로시와는 생후 5개월까지 함께 지냈다. 아빠 바바가 육아에 참여했는지는 잘 모르겠다. 어쨌든 한 지붕 아래에서 함께 지내기는 했을 것이다. 사진으로 본 도로시는 길고 부드러운 초콜릿색 털에 우아한 분위기를 지닌 미견이었다. 동그랗게 뜬 눈이 살짝 새침해 보이기도 했다. 아빠 바바는 보는 순간 웃음이 났다. 약간 억울하게 생겼다고 해야 하나. 일자 눈썹과 뭉툭한 코가 "난 못생겼는데 귀여워!"를 외치고 있었다. 곱슬곱슬하고 새까만 털은 장난기를 흠뻑 머금은 느낌. 신기한 것은 둘 사이에서 태어난 빌보가 초콜릿색도 까만색도 아니라는 사실이다. 빌보는 은빛 털과 검은색 털이 섞인 얼룩무늬를 가진 장모 닥스훈트다.

털색은 달라도 도로시의 새침함과 바바의 장난기를 물려받은 빌보는 이제 서울에서 일곱 인간과 가족을 이루어 살고 있다. 아빠, 엄마, 작은언니, 오빠와는 한집에 산다. 온종일 비가 내린 날, 엄마는 비장한 표정으로 강아지용 슬링백을 맨다. 빌보가 폭신한 가방 안으로 쏙 들어가면 엄마는 외출을 감행하고, 아빠는 커다란 장우산을 들고 따라나선다. 엄마 아빠는 슬링백과 장우산을 교대로 바꿔 들면서 빌보가 신선한 공기를 충분히 마실 수 있도록 천천히 동네를 한 바퀴 돈다. 1일 1콧바람의 과업은 달성되어야 하기에.

 동네 수제버거 가게에서 점심을 먹고 돌아온 작은언니와 오빠는 주머니에서 휴지 뭉치를 꺼낸다. 흡사 사냥에 성공하고 돌아온 사냥꾼처럼 의기양양하다. 힘차게 빌보를 부른다. 휴지를 펼치니 딸기 두 알이 대굴대굴 굴러 나온다. 가게 사장님이 후식으로 내어 준 딸기 두 알, 방울토마토 두 알에서 방울토마토만 하나씩 먹고 딸기는 챙겨 왔다. 둘 다 돈을 벌고 있으니 집에 돌아갈 때 딸기 한 팩을 사 가도 된다. 하지만 그러면 나눠 먹는 기쁨은 누릴 수가 없으니까. 딸기꾼 빌보는 눈을 반짝반짝 빛내며 달려와 허겁지겁 딸기를 받아먹는다.

 빌보가 제일 좋아하는 얼굴은 오랜만에 보는 얼굴이다. 용인에 사는 큰언니 가족이 놀러 오면 꼬리로 바닥을 다 쓸어버릴 기세로 설설 댄다. 힘 조절이 서툴러 빌보를 쓰다듬을 때마다 털을 한 움큼씩 뽑고 마는 조카는 슬금슬금 피하지만, 맘마 시간만큼은 예외다. 조카 곁에 찰싹 달라붙는다. 운이 좋으면 아기 치즈를 얻어먹는 행운을 누릴 수 있으니. 날씨가 좋으면 일곱 식구가 다 함께 산책에 나선다. 바퀴 굴러가는 소리라면 질색을 하는 빌보가 웬일로 유모차 옆에서는 얌전히 걷는다. 조카라서 봐주는 건지, 아니면 산책의 기쁨이 조카를 까맣게 잊게 만든 건지는 알 수 없다.

    빌보는 행복할까? 네발짐승 가족과 떨어져 두발짐승 가족과 사는 건 어떤 느낌일까? 모니터에서 눈을 떼고 뒤를 돌아 빌보를 본다. 잘은 모르겠지만 내 베개를 침대 삼아 단잠에 빠져든 모습이 딱히 불행해 보이지는 않는다. 아까부터 짬짬이 돌아보고 있는데 조금씩 베개에서 미끄러지고 있다. 온종일 온몸에 주었던 힘이 점점 풀리는 모양이다. 사람 곁에서 긴장을 풀고 잠에 빠진 개가 불행하다는 이야기는 들어보지 못한 것 같은데. 일단은 그걸로 마음이 놓인다. 빌보의 작은언니, 그러니까 나는 노트북을 들고 살금살금 걸어가 빌보 옆에 눕는다. 빌보가 지금 어떤 기분인지를 느끼며 이야기를 시작하고 싶어서.

개의 눈으로 독서

나는 주로 침대에서 책을 읽는다. 낮에는 웅크려 엎드린 자세로 읽고, 밤에는 모로 누워서 읽는다. 그런데 종종 천장을 바라보고 똑바로 누워서 가랑이를 O자로 벌린 채로 독서를 이어가야 하는 순간이 온다. 빌보가 내 다리 사이에서 몸을 둥글게 말고 잠을 청하기 때문이다. 푹신한 강아지 전용 방석을 몇 종류나 사드렸지만 소용없었다. 결정적으로 졸음이 몰려오면 기어이 인간 넓적다리에 머리를 대겠다고 난리다. 침대가 비어 있으면 본인 상식으로는 도무지 이해할 수 없는 일이 벌어졌다는 듯 황당해하는 얼굴이란! 머리 위로 말풍선이 뜬다. "어이가 없네?" 인간 집사는 잽싸게 하던 일을 멈추고 서둘러 침대로 점프해 이불을 덮고 자는 시늉을 할 수밖에.

　　빌보에게 두 다리를 내어주고서 이어지는 독서는 특별하다. 다리가 특별하게 저리기도 하거니와 아니 그게 아니라, 빌보의 따뜻한 온기가 넓적다리를 타고 올라와 심장을 한 바퀴 돌아 내 눈에 어떤 화학작용을 일으키는 것 같다. 책을 붙든 채로 나는 더 자주 울고 웃는다. 더 크게 눈을 뜬다. 전지적 개의 시점으로 문장을 곱씹는 버릇마저 생겼다. 오늘은 이 문장이 그랬다.

우리는 환대에 의해 사회 안에 들어가며 사람이 된다. 사람이 된다는 것은 자리/장소를 갖는다는 것이다. 환대는 자리를 주는 행위이다. (26쪽)

인류학자 김현경의 저서 《사람, 장소, 환대》는 어떻게 사람이 인정받는가로 사회를 정의한다. 이런 책을 읽으면서 얼마 전 겪은 작은 소동을 떠올렸다. 산책 도중에 잠시 쉬려고 카페를 찾았을 때 일이다. 인터넷에서 반려동물 동반 가능 여부를 검색하고, 매장에 전화를 걸어 반려견과 함께 가도 되는지 확인했다. 온라인상에 기재된 정보와 실제 운영 정책이 다른 경우가 적지 않기에 더블 체크는 필수다. 흔쾌히 오시라는 답변을 들었다. 그렇게 도착한 카페. 단독주택을 개조한 곳이었다. 정원을 지나 건물로 들어서기 전에 목을 길게 빼서 입구 안으로 집어넣고 마지막으로 물었다. "아까 전화 드렸는데요. 개 있어도 괜찮죠?" 돌아온 답변은 '동반'의 의미를 재정립한 참신한 발상으로 나를 당황케 했다. "아유, 그럼요. 개는 저쪽 나무에 묶어두고 들어오시면 돼요."

빌보와 함께 어딘가에 갈 때는 반드시 반려동물 출입 여부를 확인한다. 카페, 식당, 쇼핑몰, 숙소, 공원

벤치, 운동장 음수대는 물론이고 숲과 바다처럼 얼핏 동식물이 주인인 듯 보이는 장소도 이용 규칙을 숙지해야 낭패를 면할 수 있다. 번번이 출입 금지다. 한번은 기차에서 개와 함께 탄 승객을 보았다. 일부러 두 좌석을 끊은 모양이었는데, 입석 이용객이 옆에 딱 붙어 서서는 다 들으란 듯이 투덜대고 있었다. 사람이 서 있는데 개가 편히 앉아서 가는 게 말이 되느냐면서. 비슷한 일을 나도 종종 겪는다. 빌보와 공원 정자에 나란히 앉아 쉬고 있으면, 자기가 앉아야겠다며 비켜 달라고 당당히 요구하는 사람들이 있다.

    빌보는 쉴 자리를 뺏기는 정도지만 어떤 개들은 목숨을 잃는다. 어제는 한 대학 캠퍼스에서 학생들이 돌보던 유기견을 청소·경비업체 직원들이 몰래 빼돌려 술안주로 잡아먹었다는 기사가 뜨더니, 오늘은 살아있는 개를 가스 토치로 태워 죽이려 한 인간이 붙잡혔다는 소식을 접했다. 개뿐일까. 경의선 숲길 인근에서는 한 남성이 화단에 앉아 쉬고 있던 고양이를 붙잡아 잔혹하게 살해한 사건이 벌어졌다. 가축재해보험금을 타내기 위해 멀쩡한 닭 수만 마리를 일부러 굶겨 죽인 양계장 주인들이 구속되기도 했다. 동물을 환대하기는커녕 목숨마저 빼앗는 사람들. 이런 뉴스는 끝이 없고, 매일매일 반복된다. "환대는 자리를 주는 행위이다"라는 문장에서 출발한 상념이 빌보를 거쳐 동물학대 문제에 이르러버렸다.

빌보와 함께한 지 햇수로 5년. 나는 어느새 빌보의 시선으로 세상을 바라보는 데 익숙해졌다. 빌보가 공을 물고 와서 자세를 바짝 낮춘다. 잡기 놀이를 하자는 신호다. 나도 방바닥에 납작 엎드린다. 눈을 맞추어야 서로 대등한 경기를 펼칠 수 있기 때문이다. 이내 집안 풍경이 달라진다. 거의 가구 다리밖에 안 보인다. 케이블 선은 또 왜 이리 많은지. 침대는 높고, 창문은 너무 높이 뚫려 있어서 바깥이 보이지 않는다. 내 몸에 알맞았던 모든 물건이 조금만 몸을 낮추면 금세 불편해진다. 결국 침대 프레임을 빼버렸다. 빌보의 보금자리는 거실 쪽 낮은 창틀 옆으로 옮겼다. 빌보가 스스로 자유롭게 바깥세상을 구경하고 따뜻한 볕을 쬘 수 있도록.

반려동물인구 천만시대라지만 온갖 비속어 앞에 붙은 '개-'라는 접미사가 증명하듯이 개는 우리 사회에서 소수 중의 소수, 약자 중의 약자다. 그러니 빌보의 눈으로 보려면 비유적으로도 사회 밑바닥으로 이동해야 한다. 빌보가 경험하는 세상은 내가 경험하는 세상과는 다르다. 일례로 사람들은 빌보한테 쉽게 말을 건다. 조심스럽게 손등을 보여주며 다정한 인사를 건네는 경우는 드물고, 보통은 이런 식이다. "왈왈!"

개를 향해 왈왈대는 사람이 있다는 사실이 믿어지지 않겠지만, 나도 믿고 싶지 않다. 하지만 내가 마주친 그 많은 사람은 환영도 홀로그램도 아니었다. 개를 만난 게 반가워서, 아이에게 강아지 짖는 소리를 알려주고 싶어서, 술김에 웃겨보려고, 그냥 그런저런 이유로 사람들은 개를 향해 왈왈댄다. 악의는 없을 것이다. 하지만 머리 위에서 불시에 내리꽂히는 굉음에 소스라치게 놀라야 하는 개의 심정은 생각조차 하지 못한다는 점에서 그들은 무지하다.

약자의 처지를 헤아릴 줄 모르는 작은 무지들을 현실에서 마주칠 때마다 한숨이 나온다. 동시에 가슴이 뜨끔하다. 나 역시 누군가에게 무심코 그런 무지를 내비쳤을 게 틀림없으니까. 그래서 오늘 밤에도 나는 빌보를 다리 사이에 품은 채로 책을 펼친다. 현실에서 미처 눈에 담지 못한 삶의 이면들을 글로나마 읽어내기 위해서. 생각해본 적 없는 것들에 대해 생각해보기 위해서. 다양한 높낮이로 세상을 바라보기 위해서. 추임새를 넣듯이 빌보가 귀를 탁탁 긁고 하품을 하고 몸을 뒤집는다. 나도 모르게 자꾸만 인간 중심으로 흐르는 독서를 빌보는 허락하지 않는다.

이 책은 인간의 눈에 (개)의 눈을 더해 읽어낸 독서의 기록이다. 괄호 안은 읽는 사람마다 제각각 다르게 채울 수도 있겠다. 반려 햄스터, 동네 고양이, 다큐멘터리에서 본 북극곰, 유칼립투스… 혹은 내가 미처 상상하지 못한 어떤 존재이든. 사람을 독자로 상정하고 쓴 책을 사람이 아닌 존재가 되어 읽는 일이 어색하고 당혹스럽다면, 표지에 실은 빌보를 먼저 감상한 다음 독서를 이어가기를 권하고 싶다. 얼굴과 이름을 아는 개에게는 누구나 기꺼이 마음을 여는 법이니까.

• 《사람, 장소, 환대》, 김현경, 문학과지성사, 2015.

미래에서 온 닥스훈트

"합격하면 개를 길러야겠어."

시작은 동생이 무심결에 쏘아 올린 한마디였다. 하필 그때 우리 가족은 동생이 무슨 말을 내뱉든 맞장구칠 준비가 되어 있었다. 경찰공무원 시험을 준비하면서 부쩍 말을 잃은 동생이 잠깐이나마 수다쟁이 정체성을 회복하는 모습을 보고 싶었던 것이다. "오, 어떤 개?" 가볍게 이어받은 한마디가 미래에서 온 닥스훈트를 우리 집 막내로 소환할 줄은 꿈에도 모른 채.

서울 성북동 작은 빌라에서 꽃피운 개 이야기는 마치 아라비안나이트처럼 매일 밤 이어졌다. "어제 골목에서 웰링턴이라는 닥스훈트 친구를 만났는데, 나이아가라 파마를 한 것처럼 털이 곱슬곱슬해." "방금 슬링키(영화 〈토이 스토리〉에 나오는 용수철 허리를 가진 강아지 인형) 닮은 개를 봤어!" "바나나우유 사려고 슈퍼에 들어갔지. 카운터에 점박이 닥스훈트가 앉아 있더라니까." 금세 알아챘다. 동생은 닥스훈트의 매력에 푹 빠져 있었다. 왜 하필 닥스훈트였을까? 잘 모르겠다. 사람은 무의식적으로 자신과 닮은 개를 선택한다는데, 아마도 그 때문이 아닐까 짐작할 뿐. 내 동생은 앉은키가 훤칠하다.

내친김에 이름까지 지었다. 빌보. 이름을 부르기

시작하니 얼굴도 모르는 빌보가 정말로 우리 집 막둥이인 양 친근하게 느껴졌다. 그리고 머지않아 우리 막둥이는 복덩이로 밝혀졌다. 동생이 맨 처음 응시한 시험에서 덜컥 붙은 것이다. 10개월 만에 이뤄낸 쾌거였다. 공시생의 고달픈 심신을 달래주려 시작한 야화가 삼백여 일 만에 해피엔딩으로 막을 내릴 줄이야. 이제 남은 선택은 하나였다. 정말로 개와 함께하는 삶의 막을 올릴 것인가.

다행히 빌보는 미래에서 온 개였다. 10개월 동안 가상으로 존재하며 우리 가족 품으로 아주 천천히 파고들었다. 개의 귀엽고 보드라운 부분만이 아니라 까다롭고 거칠거칠한 부분도 하나하나 다 느껴보라는 듯이. 빌보는 생명을 가족으로 맞이하는 일의 책임과 무게를 고민하고 생각을 나눌 기회를 주었다. 이제 우리 가족이 답할 차례였다. 온 마음과 진심을 다해서 우리에게 오는 개를 행복하게 해줄 수 있을까? 식탁에 둘러앉아 새로운 이야기를 시작했다. 이번에는 아라비안나이트가 아니라 백분토론에 가까웠다. 가족 구성원 각각의 생활습관, 성향, 출퇴근 패턴, 동네 산책 환경, 양육비 문제 등을 하나하나 검토하고 상의한 뒤, 우리는 빌보와 함께하는 삶을 선택했다.

《지구의 속삭임》은 1977년 미국 항공우주국(NASA)에서 우주 탐사선 두 대에 실어 우주로 쏘아 올린 '골든 레코드'의 제작과정을 기록한 책이다. 얇은 금박을 입힌 레코드판 겉면은 10억 년 이상 우주공간을 유영해도 거뜬할 만큼 튼튼하게 제작되었다고 한다. 보존 기한 안에 어느 호기심 많은 외계인이 우연히 이 레코드판을 습득한다면, 지구의 사진 118장·소리 19개·음악 27곡·제39대 미국 대통령이 쓴 편지와 미국 상·하원 의원 명단 등을 감상할 수 있다. 그는 지구라는 행성을 어떤 모습으로 상상할까? DNA 분자 구조, 중국 만리장성 사진, 귀뚜라미가 귀뚤귀뚤 우는 소리, 바흐의 푸가, 빛 스펙트럼, 모스 부호, 영장류를 관찰하는 제인 구달의 모습… 지구의 다채로운 면모가 그의 귓가에 어떤 화음으로 들릴지 궁금하다.

골든 레코드에서 내가 특히 좋아하는 대목은 55개 언어로 녹음한 인사말이다. 외계 생명체에게 인사를 해달라는 요청에 기꺼이 녹음실까지 찾아온 사람들이 각자의 언어로 말을 건넨다. 아모이말을 사용하는 중국인은 우주 친구들이 식사는 했는지 궁금해 한다. 스웨덴어를 쓰는 참가자는 자신이 컴퓨터 프로그래머며 직업을 소개한다. 인도 서부 출신인 라데

칸트 다베는 구자라트어로 '연락을 바란다'는 메시지를 남긴다. 우크라이나어로 건강과 장수를 빌고, 벵골어로 평화를 바라고, 텔구루어로 축복을 기원하는 사람들. 하나하나 읽고 있노라면 마음이 유쾌해진다. 어디에 사는지, 어떻게 생겼는지, 언제쯤 만날 수 있을지 전혀 모르는 외계 이웃에게 전하는 이토록 따뜻한 안녕들이란.

    우주는 인류가 상상한 것 이상으로 크고 텅 비어 있어서 아무리 멀리 헤엄쳐 나아간들 아무도 없을지 모르겠다. 골든 레코드를 실은 보이저 1호는 36년 동안 200억 킬로미터를 날아간 끝에 2013년 태양계를 벗어났다. 앞으로 다른 항성계에 도달하기까지는 4만 년이 더 걸린다고 한다. 그곳에 생명체가 있으리라고 장담할 수 없을뿐더러, 그 사이 지구가 멸망할지도 모른다. 외계인과 교류할 기회를 영영 놓친다고 생각하면 어쩐지 아쉽다. 지구인들이 공들여 녹음한 인사말이 꼭 우주에 울려 퍼졌으면 좋겠는데. 그래도 사람 일, 아니 외계 일은 어떻게 될지 모르니 준비는 해 두어야 하지 싶다. 지구 생명체끼리 서로 다양성을 존중하며 종을 뛰어넘은 우정을 나누는 연습을 통해서 말이다. 먼 훗날 외계인이 오백 개쯤 되는 언어로 답장을 보내와도 당황하지 않고 교류를 이어갈 수 있도록.

이런 쓸데없는 생각을 하는 사이에 어느새 빌보가 내 곁에 와 있다. 외계 이웃을 찾아 나선 우주 탐사선의 마음으로, 나는 빌보를 품에 꼭 끌어안는다.

• 《지구의 속삭임》, 칼 세이건 외, 김명남 옮김, 사이언스북스, 2016.

두 빌보 이야기

지난 4년 동안 산책길에 만난 동네 사람들과 아래와 유사한 대화를 대략 백 번쯤 반복해왔다.

"얘는 이름이 뭐예요?"

"빌보요."

"볼보요?"

"아뇨. 빌. 보. 〈반지의 제왕〉에 나오는 호빗 이름이에요. 우리 빌보가 다리가 짧아서. 호호."

설명은 청산유수이지만 사실 나는 '반지의 제왕' 시리즈를 한 편도 보지 않았다. 워낙에 타고난 방광이 작은 데다 집중력이 부족해서 러닝타임이 130분을 넘는 영화는 대부분 거르기 때문이다. 판타지 장르에 크게 관심이 없기도 했다. 당연히 호빗이 어떤 특성을 가진 종족인지, 또 빌보는 반지 원정대에서 얼마나 대단한 활약을 펼치는지 전혀 몰랐다.

빌보라는 이름은 언니가 지었다. 프로도의 양아버지인 빌보 배긴스(Bilbo Baggins)에서 따왔다는데, 그 당시 내가 아는 프로도라고는 '카톡 개'(카카오톡 이모티콘 캐릭터)밖에 없었다. 배우 신성록을 닮은 바로 그 녀석. 그렇다면(?) 귀여운 존재일 것 같았다. 빌보! 부르기 쉽고, 또 외우기 쉽고. 무엇보다 선택의 여지가 없었다. 나머지 이름 후보들이 아주 엉망진

창이었기 때문이다. 다 까먹어서 지금은 내가 제안했던 이름만 기억하는데… 꿀짜쁘까였다.

"빌보는 빌보 배긴스의 빌보예요."

이 말을 백 번쯤 반복하고 나서야 빌보 배긴스가 어떻게 생겼는지 궁금해졌다. 찾아보니 아예 호빗 빌보를 주인공으로 내세운 영화 시리즈가 제작되어 전 세계 판타지 영화 팬에게 큰 사랑을 받은 모양이었다. 시리즈를 여는 제1편의 제목은 〈호빗: 뜻밖의 여정〉. 포스터에는 뜻밖에도 왓슨 박사가 은빛 검을 들고 비장한 표정을 짓고 있었다. 뭐야, 마틴 프리먼이 빌보 배긴스였어? 약간의 실망감을 누르고 재생 버튼을 누르려는 찰나, 러닝타임을 확인하고 말았다. 무려 169분. 물론 방문을 열고 몇 발자국만 걸으면 언제든 화장실에 갈 수 있는 환경이었지만 어쩐지 내키지 않았다. 게다가 〈호빗: 스마우그의 폐허〉와 〈호빗: 다섯 군대 전투〉까지 연달아 보려면 305분, 대략 5시간이 더 필요했다. 조용히 맥북을 닫고 서울도서관 앱을 켰다. 역시 J.R.R 톨킨이 지은 원작 소설 《호빗》이 세 권 구비되어 있었다. 서지정보를 확인하니 고작 446쪽. 요만큼만 읽으면 되는 걸 하마터면 영화를 세 편이나 볼 뻔했다.

신발은 신지 않는다. 발바닥이 천연 가죽처럼 질기고, 머리카락과 똑같은 굵고 곱슬거리는 갈색 털이 발을 따뜻하게 감싸주기 때문이다. 재주 많은 갈색의 긴 손가락, 선량한 얼굴, 깊고 풍부한 웃음소리…. 가능하면 하루에 저녁 식사를 두 번 하고, 먹고 나서는 특히 큰 소리로 웃는다. (15쪽)

첫 장을 펼쳐 호빗족에 관해 설명하는 대목을 읽자마자 입을 틀어막았다. 세상에, 우리 빌보랑 똑같잖아! 빌보는 신발을 신지 않는다. 발바닥은 당연히 천연 가죽이고, 유독 커다란 발은 굵고 곱슬거리는 갈색 털이 뒤덮고 있다. 재주 많은 갈색의 긴 발가락, 선량한 눈망울, 깊고 풍부한 짖음…. 가능하면 내가 준 밥을 이미 해치웠다는 사실을 감춘 채 엄마에게 두 그릇째 저녁을 얻어먹으려 애쓰고, 식사 후에는 특히 만족스러운 표정을 짓는다. 배긴스(Baggins)는 우리말로 '골목쟁이네'라고 번역되는데, 온 동네 골목마다 머리를 쏙 들이밀고 탐방에 나서야 직성이 풀리는 호기심쟁이 빈보의 평소 신책지론과 꼭 닮은 수식어였다. 정말이지 빌보는 빌보 배긴스의 빌보였던 것이다!

반려동물을 키울 예정이거나 반려동물의 이름

을 어떻게 정할까 고심하고 있다면, 소설 속 인물에서 따오는 방법을 적극적으로 권하고 싶다. 나의 소중한 존재가 활약하는 또 다른 세계를 덤으로 얻게 될 테니까. 나는 트롤, 오크, 고블린, 난쟁이, 마법사, 요정이 서로 치고박고 싸우고 또 때로는 연합하는 가운데땅 세계를 얻었다. 참나무방패 소린과 열두 난쟁이 무리에 합류한 빌보가 스마우그의 용을 물리치고 진귀한 보물을 되찾기까지의 모험담이 어찌나 흥미진진하던지. 밤새워 다 읽어버렸다.

안락하고 깨끗한 굴에서 평안하게 살아가던 호빗 빌보는 어느 평화로운 아침에 그만 마법사 간달프에게 코가 꿰이고 만다. 얼떨결에 모험에 뛰어들게 된 빌보. 온종일 고사리 풀숲을 헤치고, 솔잎이 잔뜩 깔린 길을 행진하느라 기진맥진한 빌보가 투덜댄다.

아직도 더 가야 해요? 발가락이 다 멍들고 휘고 다리도 아프고 배는 텅 빈 자루처럼 흔들린다고요. (151쪽)

며칠 전 빌보와 낙산공원까지 산책을 다녀온 일이 생각나 웃음이 터졌다. 처음엔 신나서 폴짝폴짝 앞서가던 빌보. 구불구불한 성곽길이 끝없이 이어지자

슬금슬금 걸음을 늦추고 딴청을 피우더니 도저히 안 되겠다는 듯 코로 내 종아리를 툭툭 친다. "왜?" 하고 물으니 턱을 들어 가방을 가리킨다. 눈에는 그렁그렁 마음의 소리를 매달고서. '아직도 더 가야 해? 배가 텅 빈 자루처럼 흔들리는데.'

책에서 거미 떼가 난쟁이 동료들을 몽땅 잡아서 거미줄로 둘둘 감아 고치로 만들어버렸을 때는 손에 땀을 쥐었다. 대롱대롱 매달린 열두 난쟁이를 빌보 혼자서 어떻게 구하나. 저 높다란 가지까지 우리 빌보… 아니 호빗 빌보는 발끝… 아니 손끝조차 닿지 않을 텐데. 골목쟁이네 빌보는 용감히 거미줄을 붙잡고 기어올라가 멋지게 친구들을 구해낸다. 모험을 시작할 때만 해도 겁 많고 소심했던 빌보는 그렇게 한 뼘 성장한다. 내가 왜 콧잔등이 시큰해지는 걸까.

하지만 뭐니 뭐니 해도 이 소설의 백미는 깊은 땅속 검은 호숫가에서 만난 빌보와 골룸이 대격돌하는 장면이다. 서로 막 마법이 서린 은빛 검을 휘두르는 건 아니고, 아주 격렬하게 수수께끼 대결을 펼친다. 둘이 "머리가 거의 터질 지경"으로 쥐어 짜낸 수수께끼는 모두 열 문제. 나는 두 문제를 맞혔다. 하나는 소설 앞부분을 읽었으면 쉽게 풀 수 있는 문제였고,

다른 하나는 아래 옮겨 적어보았다.

숨도 안 쉬지만 살아있고
죽음처럼 차갑고
목도 안 마른데 마시기만 하고
온통 갑옷에 싸였지만 쨍그랑 소리도 안 나는 것은?
(119쪽)

정답은 소설 《호빗》 반양장판 120쪽에서 각자 확인하기 바란다. 후후. 그나저나 지금 내 옆구리 근처에 발라당 누워 입맛을 쩝쩝 다시며 곯아떨어진 빌보라면 골룸에게 어떤 수수께끼를 냈을까.

딱딱하지만 감미롭고
가죽처럼 질기고
배도 안 고픈데 씹기만 하고
뼈 모양을 닮았지만 **뼈**는 아닌 것은?

정답: 개껌

상상만으로 귀여워 죽겠다.

책에서 읽은 가운데땅 속담을 종종 써먹는다. 대부분 모험 도중에 빌보 배긴스가 내뱉은 말이 널리 퍼지면서 속담이 된 경우다. 절대반지를 손가락에 끼우고 안심한 빌보가 스마우그의 용을 비웃다가 통구이가 될 뻔한 장면에서는 이런 속담이 탄생했다.

빌보 이 바보야, 다시는 살아있는 용을 비웃지 마! (327쪽)

빌보와 꽤 먼 동네까지 산책을 나갔다가, 딱 보기에도 골목대장 기운이 물씬 풍기는 노란 치즈색 고양이를 만난 적이 있다. 상대의 전투력을 가늠할 줄 몰랐던 애송이 빌보는 꼬리를 흔들며 해맑게 다가갔고… 다음 순간 빌보 정수리에 냥 펀치가 꽂혔다. 그날 이후로 빌보는 고양이라면 벌벌 떤다. 백 미터 밖 풀숲에서 고양이의 쫑긋한 귀가 어른거리기만 해도 슬금슬금 피하기 바쁜데, 그 모습이 어찌나 하찮으면서 귀여운지 모른다. 냥 펀치의 교훈을 뼛속 깊이 새긴 내 강아지. 나는 남들이 보면 비웃을까 봐 웃음을 꾹 참으며 입술만 옴짝달싹 움직인다. "빌보 이 바보야, 다시는 살아있는 야옹이를 비웃지 마!" 가만히 있다가

갑자기 웃음을 삼키는 자, 그자가 바로 덕후라던데. 그렇다면 나는 빌보 덕후다. 호빗 빌보와 닥스훈트 빌보를 모두 다 사랑하게 된 쌍빌보 덕후.

    골목쟁이네 빌보를 향한 말이 우리 빌보를 향한 말처럼 들리기도 했다.

그는 그의 생애가 끝날 때까지 아주 행복하게 살았다. 대단히 긴 생애였다. (435쪽)

    이 문장을 읽고는 울어버렸다. 골목쟁이 빌보의 모험담만큼이나 우리 빌보의 일생도 빛나는 모험으로 가득하기를. 빌보가 대단히 긴 생애를 아주 행복하게 살기를.

    그나저나 더 많은 빌보 모험담을 수집하고 싶어졌다. 그래서 영화 〈반지의 제왕〉을 보려고 했는데, 러닝타임이 228분인 걸 확인하고는 바로 포기했다. 그 대신 소설 전집을 장바구니에 담았다. 전체 7권 도합 2,536쪽만 읽으면 되는데 뭐하러 굳이 영화를 세 시간씩이나 본담.

• 《호빗》, J.R.R. 톨킨, 이미애 옮김, 씨앗을뿌리는사람, 2007.

감정을 온몸으로 표현하는 동물

"얘, 깍쟁이예요."

등산복을 입은 털보 사장님이 티코 뒷좌석에서 강아지 목덜미를 덥석 집어 들어 내 동생에게 건네며 말했다. 깍쟁이? 순둥이 레트리버, 겁쟁이 치와와, 장난꾸러기 비글, 똘똘이 푸들, 뽀뽀쟁이 몰티즈 같은 표현은 들어봤어도 깍쟁이 닥스훈트라니. 낯선 표현에 당황한 동생이 속으로 허둥대는 사이 털보 사장님은 사료며 배변패드 등을 마저 건넨 뒤 유유히 떠났다고 한다. "깍쟁아, 잘 지내!" 이 말 한마디를 남기고. 2015년 10월 3일. 청명한 가을, 날씨 좋은 개천절 휴일에 하늘이 열리고 빌보 a.k.a. 깍쟁이가 우리 집에 왔다.

빌보는 과연 깍쟁이였다. 밥을 먹을 때도 어찌나 까다롭게 굴든지. 밥그릇에 사료를 부어 주었더니, 입으로 떠서 바닥에 쫙 뿌린 다음에 한 알씩 집어 오독오독 씹었다. 다음부터는 나눔 접시를 꼭 준비하라는 듯이. 졸린데 가족들이 잘 생각을 안 하면 코로 종아리를 툭툭 쳐서 눈치를 줬다. 빨리 이부자리 안 펴고 뭐하냐고. 배변훈련을 하루 만에 마스터하고는 자유자재로 써먹었다. 심기가 불편하면 엉뚱한 곳으로 당당히 걸어가서 보란 듯이 실례를 했다. 나도 당했다. 눈앞에서 빌보가 내 매트리스 위로 올라가 왼쪽 뒷다리를 천천히 들어 올… 자세한 설명은 생략한다. 심한 장난을 쳐서 혼내면 반드시 삐졌고 토라진 티를 팍팍 냈다. 가족들이 다 보이는 길목에 길쭉하게 엎드려서는 눈을 빤히 뜨고 혼낸 사람 한 놈만 집요하게 쳐다보는 것이다. 언제까지? 두 손 두 발을 싹싹 빌며 혼내서 미안하다고 사과할 때까지.

생후 5개월 난 깍쟁이 강아지를 어떻게 다루어야 할까. 가족들끼리도 의견은 갈렸다. 아빠와 동생은 매파였다. 잘못을 저지르면 그 즉시 호되게 혼내야 훈육 효과가 있다는 주장이었다. 엄마와 언니는 비둘기파였다. 빌보는 자존심이 강한 친구이니 간식과 칭찬으로 살살 달래야 한다는 주장이었다. 나는? 연애도, 인생도, 크림파스타 소스를 맛있게 만드는 비법도 모두 책에서 배운 책파였다. 서점으로 달려가 책을 한 권 샀다. 그것도 반려동물 코너가 아니라 생물학 코너에서 고른 오래된 과학서를.

《인간, 개를 만나다》는 노벨 생리학·의학상을 수상한 오스트리아 동물학자 콘라트 로렌츠가 지은 책이다. 동물행동학 분야에서 한 획을 그은 권위자가 쓴 양서이기는 한데, 그 권위자가 1903년에 태어났다는 사실이 약간 문제랄까. 20세기와 21세기는 천양지

차가 아닌가. 가령 저자는 '나란히 걷기' 훈련의 중요성을 역설하는데, 그렇게 하면 굳이 개의 목에 줄을 매지 않아도 되기 때문이란다. 요즘은 나란히 걷기 훈련을 완벽히 마스터한 챔피언 견공일지라도 줄 없이 산책하면 벌금 문다.

저자 소개를 읽다가는 더 큰 문제를 발견했다. 콘라트 로렌츠가 제3제국 국가사회주의를 지지한 전력이 있는 인물이었던 것이다. 그는 나치 당원이었으며, 나치의 인종정책을 학문적으로 뒷받침하는 논문을 출간한 적이 있다는 사실도 알게 되었다. 한때 나치에 부역했다는 이유로 콘라트 로렌츠가 학자로서 이루어낸 성과를 모두 부정하고 폐기할 수는 없다는 건 안다. 그렇다고 해도, 어떤 형태로든 나치와 연결되었던 인물이 쓴 책을 굳이 소비해야 하는지. 마음이 불편해졌다.

읽느냐 마느냐 그것이 문제로다. 고민에 빠진 채로 책장을 이리저리 넘기는데, 본문 여백에 실린 삽화 하나가 눈길을 끌었다. 한쪽 손에 회초리를 쥔 사람이 개를 혼내고 있는 장면 같았다. 그렇다면 콘라트 로렌츠는 매파였나. 그런데 자세히 보니 개가 꼬리를 바짝 세우고 있다. 표정은 나랑 술래잡기할 때 빌보가 짓는 표정과 비슷하다. 혹시 사람이 손에 쥔 게 회초리가 아니라 던지기 놀이용 나무 막대기인가? 어느 쪽이 맞는지 확인하려고 본문을 잠깐 훑는다는 게, 결국 책 전체를 다 읽어버렸다.

책은 생각보다 훨씬 쉽고 유익했다. 인간이 동물보다 우월하다는 뉘앙스를 풍기는 문장이 약간 신경 쓰이기는 했지만, 불편할 정도는 아니었다. 개의 다양한 행동과 반응을 담은 삽화는 한 컷 한 컷이 교과서였다. 콘라트 로렌츠가 직접 그렸다고 하는데, 실제로 자신이 키우고 관찰한 개를 대상으로 그려서인지 묘사가 생동감 넘쳤다. 그 그림들을 통해 나는 개가 언어가 아니라 몸짓으로 말하는 동물이라는 사실을 배웠다. 입 양쪽 끝이 위로 당겨져 있으면 즐겁다는 뜻이고, 꼬랑지를 말아 뒷다리 사이에 끼우면 무섭다는 뜻이구나. 칭찬해주면 입꼬리를 당기고 혼내면 무서워서 꼬랑지를 내리겠네. 비둘기파의 주장에 힘을 실어주어야 하는 근거가 삽화에 다 그려져 있었다.

책에서 습득한 지식에 비둘기파의 주장을 조합하여 교육 방침이 정해졌다. 잘못한 일을 매섭게 혼내는 대신 잘한 일을 아낌없이 칭찬하기. 빌보가 엉뚱한 곳에다가 실례하면 아무 반응도 보이지 않고 무심하게 치웠다. 빌보가 배변판을 사용하면 나라를 구한 영웅처럼 대접하며 칭찬을 퍼붓고 간식을 주었다. 자기와 안 놀아준다고 토라져서 길쭉하게 엎드리면 빌보의 시선이 닿지 않는 방으로 슬쩍 피했다. 빌보가 장난감을 물고 방으로 오면, 그때 우쭈쭈쭈 칭찬을 퍼부은 다음 지쳐 쓰러질 때까지 신나게 놀아주었다. 처음에는 어리둥절해 하던 빌보는 이내 요령을 터득했다. 사고를 쳐서 주의를 끄는 방법으로는 원하는 걸 얻기 어려우니, 원하는 바를 구체적으로 설명하고 요구해야 한다는 사실을 깨달은 것이다. 책파-비둘기파 연합작전은 성공적이었다. 사고 치는 횟수가 확연히 줄었다. 간식값을 대느라 허리가 휘는 약간의 부작용이 뒤따르긴 했지만.

빌보는 원하는 건 반드시 요구하고 감정은 꼭 표현하는 개로 자랐다. 배가 고프면 난타 공연을 하듯이 밥그릇을 두드린다. 산책하러 나가고 싶으면 산책 가방을 코로 툭툭 친다. 술래잡기를 원하면 장난감을 물고 와서 엉덩이를 흔든다. 창문을 활짝 열어 바람을 쐬고 싶을 때는 거실 창틀을 앞발로 벅벅 긁는다. 배변판에 쉬를 하고서는 냉큼 간식상자 앞으로 달려가 의기양양하게 턱을 치켜든다. 누구한테 어떤 요구 사항을 접수해야 효과적인지도 잘 알고 있다. 입이 심심하면 엄마를 냉장고 앞으로 데려가고, 차를 타고 싶으면 아빠를 차 키 앞으로 유인하고, 놀고 싶으면 나를 도발하는 식이다. 어제도 빌보가 새벽 2시에 내 방으로 공을 물고 와서는 엉덩이를 흔들었다. 매너 있는 제안을 차마 거절할 수 없어 발소리를 죽이고 살금살금 침묵의 술래잡기를 했다. 놀이를 끝낸 다음 수고했다며 우유를 주었더니 그제야 입꼬리를 당기고 헤헤 웃으며 엄마 옆으로 자러 간다.

빌보는 깍쟁이다. 털보 사장님이 그렇다고 말해서가 아니라, 몇 년 동안 빌보 꽁무니를 졸졸 쫓아다니며 유심히 관찰한 결과 확신하게 되었다. 나와는 다른 '종'이기 때문에 인간의 기준을 적용해서는 안 된다. 지켜보고 기다려줘야 한다. 그 과정이 쉽지는 않았다. 귀찮게 굴지 말라며 어찌나 깍쟁이처럼 굴던지… 꼬리로 여러 대 맞았다. 그래도 빌보에게 집중하면서 빌보만의 고유한 성격과 행동을 잔뜩 스케치했다. 심드렁함을 감추고 가짜로 즐거운 척할 때 스치는 찰나의 표정. 거의 확실하다고 생각했던 기대(가령 바나나 얻어먹기)가 좌절되어 귀를 툭 늘어뜨리는 순간. 수다를 멈추지 않는 내 입을 틀어막기 위해 입술을 건

성건성 핥은 다음 고개를 슥 돌리는 행동. 요걸 어떻게 물어뜯으면 식구들이 머리를 쥐어뜯으며 나를 쫓을까, 훔쳐낸 양말을 앞에 두고 골똘히 고민하는 무시무시한 집중력까지. 빌보가 온몸으로 표현하는 감정들을 하나하나 포착해낼 때마다 빌보에 대한 이해가 깊어진다. 애정은 더더욱 커진다.

지금 이 시점에 내가 동의할 수 없는 견해를 담고 있는 책을 계속 읽어도 될까. 《인간, 개를 만나다》를 처음 펼쳤을 때 품었던 고민에 대한 답은 아직 찾지 못했다. 비단 콘라트 로렌츠만의 문제가 아니다. 읽은 책이 쌓일수록 생각은 많아지고 관점은 달라지는데, 책에 쓰인 글은 토씨 하나 바뀌지 않는다. 한때 열렬히 좋아했던 작가의 작품인데 책등을 보고 있자니 괴로움이 차오를 때도 많다. 그렇다고 쑥 뽑아서 확 팔아버릴 수도 없다. 내 관점이 어떻게 또 달라질지는 나도 모르니까. 책파의 고민은 갈수록 깊어진다.

그래도 명색이 책파이니 만큼 책에서 돌파구를 찾고 싶다. 시대에 뒤떨어지는 책 대신에 동시대성을 담은 책을 찾아서 읽고, 한계를 드러내는 기성 작가를 감싸줄 여력으로 젊은 작가를 새롭게 발견하는 기쁨을 누리는 방식으로. 책파가 살아남는 비결은 독서 목록을 수시로 업데이트하는 방법뿐이니까. 책에서 배운 지식을 토대로 빌보를 돌본다는 방침도 여전히 고수하고 있다. 대형서점에 가면 반려동물 코너에 꼭 들른다. 요즘은 동물행동학 서적보다는 《반려견 증상 상식 사전》이나 《개와 고양이를 위한 반려동물 영양학》 같은 책에 눈이 돌아간다. 빌보가 사람 나이로 30대에 접어들면서 특정 행동으로 말썽을 부리는 일보다는 위나 장이 말썽인 경우가 훨씬 더 많아졌기 때문이다.

• 《인간, 개를 만나다》, 콘라트 로렌츠, 구연정 옮김, 사이언스북스, 2006.

이 죽일 놈의 이갈이

강아지의 이갈이 시기는 보통 생후 3개월에서 6개월 사이. 생후 5개월 때 우리 집에 온 빌보는 기세 좋게 갉아댔다. 무엇을? 고 기다란 주둥이가 닿는 모든 딱딱한 물체를. 적금을 헐어 겨우 대금을 치른 나의 소중한 오동나무 책상, 부엌에서 쓰는 식탁과 의자 네 개까지 도합 24개 다리도 살아남지 못했다. 장판 가장자리는 핑킹가위로 오린 것처럼 뜯었고 벽지는 동그랗게 모양을 내어 찢었다. 인테리어 감각이 대단했다. 문지방과 거실 마룻바닥을 갉아댈 즈음에는 우리의 동물 친구가 개인지 비버인지 헷갈릴 지경이었다.

 나중에는 더 다양한 식감을 즐기고 싶었나 보다. 스웨이드 부츠 뒤축을 아작 냈고 빨래 바구니에서 팬티를 훔쳐내어 레이스를 질겅질겅 씹었다. 발가락양말은 열 발가락 하나하나를 똑똑 분질렀다. 경향신문을 찢어발겼고 아빠가 신문 옆에 둔 돋보기안경에서 렌즈를 분리했다. 물론 티타늄 안경다리도 잊지 않고 꼭꼭 씹었다. 아이폰 충전 케이블, 이어폰, 배변패드, 보노보노 인형 코, 라미 만년필 뚜껑, 반찬통, 통가죽 가방끈이 짧은 생을 마감했다. 개껌을 부지런히 사다 바쳐서 피해를 최소화한 게 그나마 이 정도였다면 믿으시겠는가. 이갈이가 이렇게 무섭다. 언젠가 텔레

비전에서 본 어떤 보호자는 자기 닥스훈트한테 농구공을 사준다고 했다. 그래봤자 하루면 껍질을 다 벗겨버린다면서….

하나둘씩 톡 빠져나오는 유치가 눈물 나게 고마워질 무렵, 빌보는 새로운 이갈이 도구를 발견했다. 고대 로마의 정치가 키케로는 '이것' 없는 방은 영혼 없는 육체와도 같다고 단언했으며 19세기가 흐른 뒤 카프카는 소설 〈변신〉에서 '이것'을 "우리 안에 꽁꽁 얼어버린 바다를 깨트려버리는 도끼"에 비유한 바 있다. 또한 지금 당신이 양손으로 받쳐 들고 있는 이것, 바로 책이었다.

여러 시도 끝에 빌보는, 일반 단행본은 표지를 뜯고 양장본은 책등을 갉으면 잇몸을 괴롭히는 간지러움이 해소된다는 사실을 깨달았다. 마지막은 꼭 현란한 본문 찢기 퍼포먼스로 장식했는데, 그러면 끝내주게 재밌는 잡기 놀이를 시작할 수 있었기 때문이다. 내가 책을 빼앗으려고 덤비면 빌보는 유치를 번뜩이며 엉덩이를 방실방실 흔들었다. 동물병원에서는 보호자의 관심을 끌기 위한 행동이니 못 본 척 무시하라고 조언했지만, 빌보가 찢어발기는 책이 꼬박 반년을 손꼽아 기다린 신간 만화책이라면 어떨까. 동물병원의 조언을 새겨들은 결과 《빌리 배트》 18권 표지와 맨 앞쪽 네 페이지가 종이 가루만 남기고 산산이 흩어졌다. 수의사 선생님, 하마터면 빌리 배트의 후계자 티미가 진짜인지 가짜인지 모를 뻔했답니다?

그래도 이갈이만 끝나면 다 괜찮아질 줄 알았는데, 오산이었다. 개의 유치는 28개, 영구치는 42개다. 이를 모두 갈고 난 뒤 작은어금니 4개와 큰어금니 10개를 추가로 확보한 빌보는 더욱 난폭하게 책을 씹고 뜯고 찢어댔다. 달래도 보고 빌어도 보았지만 소용없었다. EBS 프로그램 〈세상에 나쁜 개는 없다〉에서 배운 대로 장난감을 물고 당기면서 놀아주는 터그 놀이를 시도해보았다. 빌보는 터그 놀이는 터그 놀이대로, 책 찢기는 책 찢기대로 신나게 즐겼다.

결국 사달이 났다. 조석이 화근이었다. '아침저녁'의 그 조석이 아니라 '마음의 소리'의 그 조석 작가 말이다. 2016년에 〈마음의 소리〉 연재 10주년을 맞은 조석. 그는 독자들에게 감사하는 마음을 담아 그간 연재분 가운데 레전드급 100편을 엄선하여 네 권의 책으로 묶었다. 소장 욕구를 자극하는 《마음의 소리 레전드 100》 박스 세트를 나도 냉큼 샀다. 조석의 열렬한 팬이라고는 할 수 없지만, 10년 동안 단 한 차례의

휴재 없이 작업을 이어온 그의 꾸준하고 성실한 태도를 기리고 싶었다. 견고하게 제작된 박스는 〈마음의 소리〉가 쌓아올린 10년을 오래오래 기억하라는 의미로 다가왔다. 그런데 왜 나는 그날 그 박스를 번쩍 들어 방문을 괴는 데 썼을까.

외출했다 돌아와 보니 빌보가 조석 레전드를 잘근잘근 씹어 드신 상태였다. 박스 귀퉁이나 조금 씹고만 게 아니다. 두께가 7밀리미터나 되는 두꺼운 박스에 닥스훈트 주둥이가 들어갈 만큼 커다란 구멍을 뚫었다. 그뿐이 아니다. 박스를 뚫어버린 것도 모자라서 박스 안에 들어 있는 책까지 해치웠다. 본문 귀퉁이를 무려 138쪽이나 도려 먹은 것이다.

겨우 정신을 차리고 동물병원에 전화를 걸었다. 자초지종을 설명하니, 웃음이 걸린 목소리로 큰 문제는 없을 테지만 혹시 구토를 하면 바로 데려오라는 답이 돌아왔다. 가슴을 쓸어내리며 전화를 끊었다. 시야가 서서히 맑아지면서 한쪽 귀퉁이가 아작 난 제4권 《보이지 않던 재미》 표지 문구가 눈에 들어왔다. "지루한 건 좀 괜찮아?" 그랬구나. 우리 개가 혼자 있는 동안 많이 지루했구나.

다행히 빌보는 왕성한 소화력으로 종이를 몽땅

소화시켰다. 똥을 다섯 번이나 싸고는 지쳐서 쓰러지긴 했지만. 더 다행인 것은 빌보가 5콤보 배변의 쓰라린 고통을 엉덩이로 체험한 이후로 뭔가 깨달은 눈치였다는 사실이다. 그날 이후로도 이따금 책을 뜯기는 했지만, 결코 조석 박스를 뜯던 열정으로 종이를 먹어 치우지는 않은 걸 보면. 이제는 하얗고 반질반질했던 이빨에 치석이 끼지 않도록 관리해줘야 하는 나이가 된 빌보는 맛없는 건 씹기 귀찮은지 내 방에 책이 대굴대굴 굴러다니든 말든 거들떠보지도 않는다.

《마음의 소리 레전드 100》 박스 세트는 요즘도 종종 회자되곤 하는 '대(大)이갈이의 시대'를 상징하는 유물로 남았다. 앞으로 시간이 더 흐르고 추억이 쌓이면 구멍 뚫린 조석 박스는 얼마나 더 소중한 추억의 전리품으로 남을까. 조석은 서문에 이렇게 적었다.

항상 예전보다 지금이 더 웃기고 재밌기를 소망하지만 시간이 흘러 추억이 쌓인 에피소드를 이길 순 없을 것 같습니다. (서문 중에서)

• 《마음의 소리 레전드 100》 박스 세트, 조석, 위즈덤하우스, 2016.

진정한 우정은 우정이 아니었음을

개린이 시절에 빌보는 1년 남짓 강아지 유치원에 다녔다. 노란 모자를 쓰고 등원해 급식 판에 사료를 담아 먹는 진짜 유치원은 아니고, 시간당 천 원을 내면 강아지를 맡아주는 동네 동물병원이었다. 병원 터줏대감이자 비글미 넘치는 베이글, 온몸이 근육질인 까미, 매사에 느긋한 웬디, 늘 양보하는 짱짱이, 북극곰을 닮은 키위, 개라면 질색하는 강쥐, 툭하면 토라지는 빌보. 그 시절 꼬박꼬박 유치원에서 만나 서로 어울려 놀던 고정 멤버였다.

"베이글 만나러 갈까?" 이 한마디면 빌보는 자다가도 벌떡 일어나 내 뒤를 졸졸 따라나섰다. 동물병원까지 가는 길을 훤히 꿰고 있어서, 장난삼아 옆길로 빠지는 시늉을 하면 땅에 엉덩이를 딱 붙이고 절대 움직이지 않았다. 동물병원이 가까워질수록 빌보의 발걸음은 다급해졌다. 도도도도도. 마침내 도착해 유리문이 활짝 열리는 순간 빌보는 나를 까맣게 잊었다. "빌보야, 나 간다?" 일부러 솔 톤에 목소리를 맞추고 큰소리로 작별 인사를 건네도 들은 체 만 체. 꼬리를 광속으로 휘두르며 개 무리 속으로 돌진하는 빌보를 두고 쓸쓸히 돌아서는 순간은 매번 슬로우 모션으로 재생되곤 했다. 자길 꼭 닮은 네발 친구들과 함께 노는 게 저렇게 좋을까 싶어 짠하다가도, 가슴 깊은 곳으로 섭섭함이 진하게 밀려들었다. 아니 그래도 그렇지, 어떻게 뒤를 한 번 안 돌아보니.

나는 아무리 애를 써도 베이글처럼 놀아줄 수가 없었다. 최대한 비슷하게 따라 해보려고도 했지만(가령 납작 엎드린 채로 엉덩이만 치켜들고 흔들거나 빌보 목덜미를 깨무는 시늉을 하는 등), 빌보는 눈을 동그랗게 뜨고 얘가 미쳤나 하는 눈빛으로 나를 볼 뿐이었다. 빌보가 유치원에서처럼 집에서도 얼굴을 빛내며 즐거워했으면 좋겠는데. 어떻게 놀아줘야 하는지 감조차 잡을 수 없으니 답답했다. 인간은 아무리 노력해도 개와 진정한 우정을 쌓을 수 없는 걸까.

하지만 어쩌겠는가. 이미 나는 인간으로, 빌보는 개로 태어나버린 것을. 네발로 놀아줄 궁리를 할 시간에 빌보를 꼬박꼬박 동물병원에 데려다주는 일이나 열심히 하는 수밖에. 우리 가족 가운데 유일한 재택근무 프리랜서였기에 빌보를 매일 유치원에 등원시킬 수 있는 사람은 나밖에 없었다. 매일 오후 2시쯤 빌보를 동물병원에 데려다주고, 근처 카페에서 책을 읽거나 글을 쓰면서 시간을 보냈다. 그리고 늦어도 오후 5시에는 빌보를 픽업하러 갔다. 동물병원 직원분이

귀띔해주기를, 빌보가 친구들을 좋아하기는 하는데 길어야 세 시간이라고 했다. 놀이시간이 그보다 길어지면 슬슬 체력이 고갈되는지 아니면 친구 때문에 토라졌는지 캐비닛 아래로 쏙 들어가 숨는다는 것이다. 빌보를 데리러 가면 빌보가 광속으로 흔드는 꼬리는 어느새 내 쪽을 향해 있었다. 이런 약삭빠른 녀석. 내 품에 찰싹 달라붙은 빌보를 안고 동물병원을 나설 때면 가슴속에 살며시 뜨거운 감정이 차오르곤 했다. 이런 감정도 우정이라고 부를 수 있을지는 모르겠지만.

한쪽 어깨에 고양이를 얹어 놓은 남자를 보자면 아마도 그것이 그에게는, 또 그의 고양이에게도, 진정한 행복의 순간일 수 있습니다. 우정 어린 교감처럼 말입니다. 하지만 그런 식의 사고에 너무 익숙해져선 안 됩니다. 고양이는 단지 배가 고파서 밥을 달라고 그러고 있는 것일 수도 있으니까요. 녀석은 또 얼마든지 다른 사람의 어깨에 올라갈 수도 있고요! (18, 19쪽)

    살아있는 작가 중에 딱 한 명과 실제로 만날 기회가 주어진다면, 나는 무조건 프랑스로 날아가서 장자크 상뻬를 만나고 싶다. 그가 1991년에 발표한 《속

깊은 이성 친구》를 들고 가서 꼭 판권에 사인을 받을 테다. 내가 제일 좋아하는 상뻬의 그림이 바로 그 페이지에 실려 있기 때문이다. 중요한 약속이 있었는지 보우타이를 매고 머리까지 멋지게 매만진 남자와, 그의 어깨에 턱 하니 뛰어올라 뻔뻔하게도 단잠에 빠진 고양이. 그림 속 남자는 고양이를 차마 깨울 수 없어 외출을 포기한 걸까? 아니면 밤늦게 귀가한 남자가 옷을 갈아입을 새도 없이 고양이가 그의 어깨를 독차지해버린 걸까? 인간과 동물의 우정을 위트 있게 그려낸 장면이 너무나 사랑스럽다.

그랬으니 2017년에 열린책들 출판사에서 번역 출간한 《진정한 우정》에 실린 상뻬의 인터뷰를 처음 읽고는 얼마나 당황했겠는가. 내가 좋아하는 그림 속 고양이가 "얼마든지 다른 사람의 어깨에 올라갈 수도 있는" 고양이였다니! 그림을 감상할 때마다 남자와 고양이의 우정을 부러워하기만 했지, 그들이 보여준 우정이 찰나에 불과할 수도 있다는 생각은 한 번도 해본 적이 없었다. 우정 어린 장면 바깥에서 둘은 서로가 귀찮아서 멀찍이 떨어져 있거나 각자 다른 친구와 우정을 쌓는 데 몰두할 수도 있었다. 상뻬의 인터뷰를 통해 상상의 폭을 넓히고 다시 보니, 나는 그 그림이 더더욱 좋아졌다.

"진정한 행복"이니 "우정 어린 교감" 같은 말은 사람 입장에서 만들어낸 표현일지도 모른다. 고양이나 개에게 '진정한' '우정 어린' 같은 수식어를 알려준다면 어리둥절해 할지도. 그냥 행복하고, 그냥 교감하면 안 돼? 빌보를 유심히 보고 있으면 진정성이나 영속성은 우정의 본질이 아닌 것 같다. 유치원 친구들과 어울릴 때면 나를 깡그리 잊고 마는 빌보다. 그러면서도 빌보는 세 시간 뒤에 나와 반갑게 재회하리라는 사실을 믿어 의심치 않는다. 빌보에게 우정은 실선이 아니라 점선이다. 끊어진 부분을 잇는 건 신의의 몫이다.

빌보는 1년을 채 못 채우고 유치원을 그만두었다. 친구들과 놀다가 두 번이나 다리가 찢어져서 꿰맨 데다, 중성화 수술과 귀 치료가 이어지면서 동물병원을 아프고 무서운 공간이라고 인식하게 된 듯했다. 빌보가 쫄보가 되어가는 사이에 베이글한테는 개춘기가 왔다. 빌보가 장난을 걸어도 시큰둥해하며 휙 돌아서서 원장실로 들어가 버리는 쌀쌀맞은 모습이란. 앞발을 손처럼 쓸 수 있다면 방문을 걸어 잠글 게 분명했다. 꼭 중2 때 내 모습을 보는 것 같았다. 절친 베이글이 변하자 빌보는 더더욱 동물병원 나들이에 흥미를 잃었고, 급기야는 완전히 싫어하게 되었다.

요즘 빌보는 산책길에 무조건 동물병원 반대 방향으로 몸을 튼다. 병원 쪽으로 가자고 하면 마지못해 따라오기는 하는데, 병원 근처에 가까워지면 미친 듯이 내달린다. 예전처럼 친구들하고 빨리 만나고 싶어서가 아니라 동물병원 앞을 전력질주로 통과하기 위해서다. 어쩌다 유치원 동기들과 멀어지게 됐는지. 속상하지만 어쩔 수 없는 일이다. 한 살 두 살 나이를 먹으면서 빌보는 놀이 취향이 많이 변했다. 어릴 적에는 개들과 몸을 부비며 노는 활동을 좋아했다면, 지금은 사람을 상대로 잔머리를 굴리면서 노는 활동을 더 좋아한달까. 베이글에게 스스럼없이 다가가 장난을 걸던 빌보는 이제 3년 전 찍어둔 동영상을 재생해야만 볼 수 있다. 동물병원 친구들 사진으로 꾸며 놓은 진료실 창문에서 빌보 독사진이 사라진 지도 오래다. 그 사실을 처음 발견했을 때는 조금 슬펐다. 빌보 인생의 한 철이 영영 떨어져 나가는 것 같아서. 빌보와 강아지 유치원 멤버의 끈끈한 우정은 한 장의 단체 사진으로만 남아 있다.

그래도 그 시절은 빌보에게 귀여운 버릇 하나를 안겨주었다. 사지를 대자로 쫙 뻗고 바닥에 찰싹 엎드리기. 까미의 전매특허였던 포즈인데, 어느 날 베이글이 따라 하더니 짱짱이와 웬디를 거쳐 빌보에게까지 유행이 퍼졌다. 3년이라는 시간이 훌쩍 흘렀는데도 여전히 빌보는 그 포즈를 기억하고 있다.

• 《진정한 우정》, 장 자크 상뻬, 양영란 옮김, 열린책들, 2017.

비밀의 풀숲을 달리다

와식 독서 습관을 수십 년째 소중히 가꾸어온 나지만, 이 책만큼은 도무지 누워서 읽을 수 없었다.

언니! 저기 저기! 아니, 두 명이 동시에 그쪽으로 몰려가면 어떡해! 헉, 저기 공간 비었잖아! 아아, 수비수들 제발 부탁해! 저 공, 저 귀신같은 공 좀 못 오게 해줘. 제발. (171쪽)

저 귀신같은 공의 향방이 궁금해서 절로 호흡이 거칠어지는 《우아하고 호쾌한 여자 축구》의 문장을 읽으며 어떻게 침대에 등을 대고 있을 수 있나. 벌떡 일어나 발을 구르며 읽었다. 제기 차듯 인사이드 킥 동작을 따라 해보고, "공을 잡았다→ 드리블한다→ 턴한다→ 패스한다"의 과정을 이미지 트레이닝으로 돌리고, 현란한 헛다리짚기로 중원…이 아니라 거실에 진출했다가 아빠와 눈이 마주쳐 머쓱해졌지만 꿋꿋이 마저 읽었다. 벌떡 일어났다가 털썩 주저앉기를 반복하며 "뼈 한 조각, 인대 한 가닥 다치지 말고 오랫동안 함께 뜁시다"로 끝맺은 감사의 말까지 모조리 소화해냈다. 아우, 독서가 이렇게 온몸이 쑤시는 행위였나. 풀타임으로 경기를 뛰다 종료 휘슬을 들은 축구선수

마냥 침대에 대자로 뻗었다. 눈을 감자 절로 눈앞에 펼쳐지는 너른 잔디밭. 골을 넣으면 어떤 기분일지 너무너무 궁금하다. 그러니까… 동료의 날카로운 롱 패스를 이어받아… 우아하게 상대 수비수를 제치고 호쾌하게 로빙슛을 날리는… 야무진 앞발.

…응?

빌보는 발군의 운동신경을 타고났다. 앞다리 10센티미터, 뒷다리 13센티미터에 불과하지만 빠른 주력과 넓은 시야, 재치 있는 응용 플레이로 신체적 열세를 극복해낸다. 고 짧은 다리로 도움닫기 없이 1미터는 거뜬히 점프한 덕에 빌보가 얼마나 많은 물티슈와 행주를 질겅질겅 씹는 기쁨을 누려왔는지. 주변 지형을 활용해 목표를 이룰 때도 많다. 가령 휴대전화를 충전하느라고 잠깐 엎드린 나를 잽싸게 밟고 책상 위 바나나를 향해 도약한다든지…. 키가 168센티미터에 불과한 북산의 포인트가드 송태섭을 얕잡아 본 장신 군단 삼양이 어떤 결과를 맞이했던가(결승리그 진출에 실패했다). 송태섭을 얕보면 안 된다.

시멘트를 발라 지은 빌라 1층의 노란 장판 위로 활력 넘치는 닥스훈트가 입장했다. 영건 빌보가 발산하는 에너지는 희멀건 팔을 휘저어 리모컨이나 만지

작거려 온 인간들을 압도했다. 피치에 선 모습을 상상할 때 비실비실한 나 따위 대신 빌보가 떠오르는 건 당연한 일이다. 빌보와 술래잡기를 할 때면 가끔 체육대회에 출전한 선수를 보는 기분이 든다. 종목은 장애물달리기. 장난감을 문 채로 잽싸게 식탁 다리 사이를 휘감아 도는 균형감각, 속도를 줄이지 않고 순식간에 방향만 틀어서 나를 따돌리는 순발력, 낮은 포복으로 양말 서랍 아래로 숨어들었다가 헛둘헛둘 빠져나오는 유연성. 빌보가 작심하고 뛰면 나는 죽을힘을 다해도 따라잡지 못한다.

하지만 빌보가 온몸으로 에너지를 내뿜으며 뛰어노는 모습을 볼 일은 극히 드물다. 정세랑 작가가 추천사에 썼듯이 "여자에겐 언제나 운동장의 9분의 1쯤만이 허락되어 왔다"면, 개에게 허락되어온 운동장은 그보다 훨씬 더 작기 때문이다. 일단 현대 도시 개는 외출 시 반드시 리드 줄을 착용해야 한다. 빌보는 3미터짜리를 사용하는데, 줄을 바투 잡기 때문에 실제로 빌보에게 허용되는 '공간'은 1미터 남짓이다. 다람쥐 냄새라도 맡았는지 흥분해서 내달리고 싶어 할 때조차 빌보는 줄 끝을 잡고 있는 나의 속도를 뛰어넘지 못한다.

개들이 목줄 없이 자유롭게 뛸 수 있는 장소로 반려견 놀이터가 있다. 하지만 사설 놀이터는 입장료가 1견 2인 기준 3~4만 원대로 부담스러운 데다 대부분 도심 외곽에 있어 어쩌다 한 번씩밖에 가지 못한다. 서울시에서 운영하는 무료 반려견 놀이터는 고작 네 곳뿐. 그나마 제일 가까운 놀이터가 집에서 11킬로미터나 떨어진 마포구 상암동에 있다. 차로 한 시간을 달려 놀이터에 도착하면 마냥 즐겁게 뛰어놀 수 있냐 하면, 꼭 그렇지도 않다. 바닥은 흙먼지가 뿌옇게 날리고 그늘은 부족하다. 빌보처럼 에너지 넘치는 성향의 친구들 활동량을 충족시키기에는 운동장 크기도 작은 편이다. 사정이 이렇다 보니 빌보가 원하는 만큼 실컷 뛰어노는 모습을 보기란 그야말로 하늘의 별 따기다.

하지만 빌보에게도 영광의 순간은 있었다. 지겹도록 이어진 장맛비가 막 그치고 불쾌한 습도가 공기를 장악한 어느 여름 일요일 오후였다. 당시 우리 집에는 에어컨이 없었다. 그리하여 서로를 향해 불쾌감을 발산하던 엄마, 아빠, 나, 빌보는 강바람이라도 쐬자며 집 밖을 나섰다. 도착한 곳은 서울 모처의 ○○한강시민공원. 비가 그친 지 얼마 되지 않은 탓인지 공원에는 사람이 드물었다. 리드 줄을 3미터까지 길게 늘이고 빌보와 느긋이 공원을 누볐다. 그러다 멋진 친구를 만났다. 쭉 뻗은 다리와 곧은 상체, 반짝이는 눈망울이 꼭 사슴 같은 개였다. 그 개의 보호자가 말했다.

"아유, 우리 개는 바센지라고, 이집트에서 피라미드 지을 때부터 살았던 종이래요. 어찌나 우아하고 점잖은지 몰라. 당최 짖는 법이 없다니까."

세상에, 고대 이집트문명부터 인간과 함께했다는 개를 서울 한강 변에서 만나다니. 3000년 넘게 인간과 교류해온 견종이 있다는 사실을 이날 처음 알았다. 빌보 역시 처음 만난 친구에게 한눈에 반했는지 열심히 꼬리를 흔들며 관심을 드러냈다.

바센지는 인사를 마치고 우아하게 걸음을 옮겼다. 빌보가 졸졸 뒤따라갔다. 흔치 않은 일이었다. 낯선 장소에서는 경계심을 높여서 처음 보는 친구한테 섭사리 마음을 열지 않는 빌보인데. 엄마와 아빠와 나는 이게 무슨 일이냐고 수군거리며 빌보 꽁무니에 졸졸 따라붙었다. 거침없이 걷는 걸 보니 바센지에게는 목적지가 있는 모양이었다. 이윽고 도착한 곳은 탁 트인 너른 잔디밭. 풀 사이로 얼핏 검은 점이 빠르게 움직이고 있었다. 가까이서 보니 개였다. 최고 시속이

70킬로미터가 넘는다는 그레이하운드. 보호자 두 명이 곁에 있었고, 개 목줄은 풀은 채였다. 풀밭을 뛰는 그레이하운드를 보자 빌보가 흥분했다. 빌보는 달리기를 아주아주 좋아한다. 옆에서 누가 뛰면 무조건 따라 뛴다. 예전에 광화문에서 달리기 대회가 있을 때 우연히 경복궁 근처를 산책하다 빌보 혼자서 비공식 대회 신기록을 세울 뻔했을 정도다. 빌보를 진정시키기 위해 리드 줄을 당기며 소심하게 물었다. "여기는 목줄 안 채워도 괜찮아요?"

"원래는 안 되는데, 사람 없는 시간에는 가끔 몰래…(찡긋)."

암, 이해한다. 나는 고지식할 정도로 준법정신이 투철한 편이지만 개에게는 공원 이용규칙을 살짝 어겨서라도 달려야 하는 순간이 있다. 은밀히 좌우를 살피고 리드 줄을 풀었다. 빌보는 총알처럼 달려갔다. 축구장만 한 풀숲에서 개가 자신의 모든 근육을 움직이며 달리는 모습을 본 적 있는지. 눈물이 날 만큼 멋지다. 짧은 다리로는 역부족이라는 걸 깨달은 빌보는 최단거리로 가로질러 그레이하운드를 쫓는 영민함을 보여 모두를 감탄케 했다. 곧 바셴지도 가세했다. 전속력으로 내달리다 멈추기도 하면서 공간을 자신의 것으로 만드는 세 마리의 개. 그레이하운드, 닥스훈트, 바센지는 모두 하운드 그룹, 즉 수렵견종에 속한다고 한다. 수렵견종은 대부분 에너지가 넘치고 운동량이 많다. 사냥터를 잃은 사냥개들이 풀숲에서 에너지를 발산하는 모습은 당당하고 우아했다.

달리기를 마친 빌보는 혀를 길게 빼물고 발라당 누웠다. 기분이 좋은지 빗방울을 잔뜩 머금은 풀 위로 이리저리 꼼꼼하게 몸을 비볐다. 개는 정말 기분이 좋을 때면 그 시간을, 그 장소를 기억하기 위해 온몸에 냄새를 묻힌다.

우연히 발견한 비밀의 풀숲에 종종 놀러 가자고 다짐했지만, 그날 이후로 몇 년째 하운드 그룹의 은밀한 회동은 재연되지 않고 있다. 한강시민공원은 남녀노소를 불문한 수많은 서울 시민이 이용하는 공간이다. 그 한구석에서 개 목줄을 몰래 풀고 뛰어놀게 하려면 천운이 따라야 한다. 장맛비가 막 그친 일요일 저녁이라서 방문객은 거의 없었지만 개가 뛰기에 적합했던 그날처럼.

도심 곳곳에 개들이 목줄을 풀고 신나게 뛰어놀 만한 공간이 많아지기를 간절히 소망한다. 하지만 동시에 불가능하리라는 것도 알고 있다. 리드 줄을 착용하고 산책하는데도 대놓고 눈을 흘기는 사람을 마주치는 게 엄연한 현실이다. 좁은 길을 지날 때처럼 서로 배려가 필요한 상황에서, 당연히 개와 보호자 쪽이 양보해야 한다고 여기는 사람은 또 얼마나 많은지. 근린공원에 마련된 벤치나 휴게시설을 사용할 때도 늘 눈치가 보인다. 하물며 시민의 혈세로 반려견 놀이터를 더 많이 지어달라는 요구는 입 밖에 내기 더더욱 어렵다. 실제로 "반려견 놀이터는 혐오시설"이라며 주민들이 반대하는 바람에 설치가 무산된 사례가 몇 차례나 있었다. 동네가 '개판'이 될까 봐 염려하는 마음을 이해하지 못하는 건 아니지만, 개를 인간과 공존하는 이웃으로 받아들이지 않겠다는 일부 사람들의 선 긋기는 역시 좀 속상하다.

잔디와 그 위에 하얗게 그려진 라인만 보면 반사적으로 가슴이 뛴다. 게다가 저 라인은 축구 경기를 보러 가서 관중석에서 지켜봐 왔던, 지켜볼 수밖에 없었던 라인이 아닌, 내 이 두 발로 직접 밟아 볼 수 있는 라인이다. 밟고 싶다고 생각하는 순간 비로소 어깨가 쫙 펴졌다. (18, 19쪽)

김혼비 작가는 축구하는 여자들이 "세상이 일방적으로 나눈 구획"에 틈을 벌리고 선을 지워가는 데 일조하고 있다고 표현했다. 나 같은 '축알못'이 《우아하고 호쾌한 여자 축구》에 푹 빠져들 수밖에 없는 이유다. 내가 로빙슛을 날릴 것도 아닌데, 내가 하얗게 그려진 라인을 밟을 것도 아닌데, 여자들이 운동장 전체를 차지하고 공 차는 이야기를 읽었을 뿐인데 내 어깨가 쫙·펴졌다. 세상이 '네 몫은 없다'고 못 박은 공간으로 성큼성큼 발을 내딛는 일이 얼마나 어려운지, 그 어려운 일을 해냈을 때의 쾌감은 얼마나 짜릿한지 일깨워준 책이다. 공간을 지배하는 자가 경기를 지배한다고 했던가. 나는 피치에 선 여자들을 더 많이 보고 싶다. 자유롭게 풀밭을 가로지르는 개들을 더 많이 보고 싶다.

• 《우아하고 호쾌한 여자 축구》, 김혼비, 민음사, 2018.

공감의 이유

새벽 3시. 낮에 커피를 석 잔이나 들이켠 탓에 좀처럼 잠이 오지 않는 밤. 이럴 때 올해의 야심 찬 목표 가운데 하나인 《전쟁과 평화》 완독에라도 도전해야 하는데. 트위터만 주야장천 들여다봤다. 오늘 밤 열심히 쪼인 청색광이 멜라토닌 분비를 교란해 내일 밤도 불면증에 시달릴 것을 생각하니 잠이 더 멀리 달아나버렸다. 누굴 탓하랴. 휴대전화를 멀리 내던지고 이불을 뒤집어쓴 다음 눈을 꼭 감았다. 모로 누웠다가 똑바로 누웠다가, 사지를 대자로 뻗었다가 작은 점처럼 웅크렸다가, 그렇게 한참을 뒤척이다 보니 마침내 그분이 오셨다. 까무룩 잠에 빠져들 무렵, 몸이 의식 저편으로 건너가기 전에 잊지 않고 왼쪽으로 튼다. 내 얼굴이 방문을 향하도록. 조금 있으면 빌보가 코로 문을 툭 열어젖힐 테고, 나는 빌보가 어둠 속에서 내 등이 아니라 얼굴을 발견하기를 바란다.

 예전에는 눈 뜨자마자 휴대전화를 들어 시간을 확인하곤 했다. 언젠가부터 아침에 눈을 뜨면 제일 먼저 빌보 엉덩이부터 본다. 딱히 '본다'기보다는 그냥 눈을 뜨면 두둥, 하고 눈앞에 복슬복슬한 엉덩이가 펼쳐진달까. 이게 다 빌보의 잠버릇 때문이다. 피부에 자극 없는 100% 피그먼트 면에 고급 저데니아솜을 듬

뿍 넣어 만든 전용 쿠션이 거실에 마련되어 있건만. 밤이 깊으면 빌보는 쿠션에서 빠져나와 이 가족 저 가족 품을 돌아다니며 쪽잠을 잔다.

지난밤 풍경은 이랬다. 밤 11시에 빌보는 거실에 나란히 누워 있는 엄마 아빠 사이에서 고민하다가, 아빠 얼굴을 코로 살살 쳤다. 잠결에 아빠가 자세를 고치자 다리 사이로 쏙 파고들었다. 30분 뒤, 답답했는지 헉헉대며 슬금슬금 기어 나와서는 엄마 볼을 핥았다. 잠결에 엄마가 팔을 뻗자 팔베개를 하고 누웠다. 새벽 2시, 벌떡 일어나 내 방으로 왔지만 금세 동생 방으로 총총걸음을 옮겼다. 새벽 5시, 화장실에 가는 길에 보니 빌보는 아빠와 엄마 사이에 끼어서 잠들어 있었다. 이렇게 매일 밤이면 우리 집에서는 잠자리를 옮겨 다니는 빌보의 순례가 펼쳐진다. 순서는 날마다 조금씩 바뀌지만, 변하지 않는 규칙이 하나 있다. 아침 7시쯤, 잠자리 순례의 마지막 순번으로 꼭 내 방을 찾는다는 것.

날이 밝을 무렵이면 내가 보고 싶어 못 견딜 지경이 되는 것 같지는 않고…. 온 가족이 분주히 하루를 시작하는 이른 아침에 유일하게 곯아떨어진 한 사람, 10시는 넘어야 오늘도 좋은 아침이군, 하며 잠에서 깨는 유일한 사람인 내 곁으로 잠 피난을 오는 것 같다. 루틴은 일정하다. 일단 매트리스 가까이 다가와서는 내 얼굴을 물끄러미 본다. 그래도 깨지 않으면 코로 내 볼을 살살 건드린다. "왔어?" 축축한 감촉에 잠에서 깬 내가 비몽사몽간에 이불을 들춘다. 그제야 빌보는 매트리스 위로 뛰어올라 품으로 파고든다. 여기에 또 다른 규칙이 있다. 밤에는 다리 사이에 자리를 잡지만 아침에는 꼭 팔베개를 한다는 것. 이때 희한하게 얼굴이 아니라 엉덩이를 내 팔에 괸다. 그리하여 나는 매일매일 빌보의 엉덩이를 감상하며 하루를 여는 행복(?)을 누리게 되었다. 본의 아니게.

내 개의 엉덩이를 클로즈업하며 하루를 시작하는 행복. 밤마다 어둠 속에서 내 얼굴을 찾을 빌보를 생각하며 잠들 때의 행복. 빌보와 함께 살기 전에는 경험해본 적 없는, "거의 정반대의 행복"을 느끼는 나날이다.

잠자는 아기의 뜨끈한 정수리와 땀 냄새, 양 볼에 눌려 벌어진 부리처럼 뾰족한 입, 동그란 뺨의 곡선, 발바닥에 조르르 달라붙은 완두콩 오형제를 손가락으로 조심히 쓸어보는 감촉은 어떻고. 아기가 없던 예전과

는 종류가 다른, 거의 정반대의 행복을 누리고 있다. **문명적 행복 대 원시적 행복.** (127쪽)

    난다 작가의 첫 에세이 《거의 정반대의 행복》 교정은 내가 맡았다. 담당 편집자에게 외주 의뢰를 받았을 때, 생명에 위협을 느낄 정도로 심장이 뛰는 바람에 왼쪽 가슴을 부여잡아야 했다. 나로 말하자면 웹툰 〈어쿠스틱 라이프〉 시즌 1 예고편부터 스크롤을 내려온 난다 덕후. 그런 내가, 난다님이 처음으로 도전한 에세이 작업에 교정 크루로 참여하게 된 것이다. 꿈인지 생시인지. 내가 2010년에 출판계에 발을 들이지 않았다면, 난다님이 2010년에 다음에서 〈어쿠스틱 라이프〉 연재를 시작하지 않았다면, 나와 난다님 모두 10년 가까이 흔들림 없는 끈기와 열정으로(내 경우에는 흔들림 없는 월급날과 노예근성으로) 각자의 분야에서 버텨내지 않았다면, 우리의 극적인(?) 만남은 성사되지 않았을 터. 작가 난다와 교정자 구달, 우리의 만남은 결코 우연이 아니라고 우겨본다.

    처음 이메일을 클릭해 원고 파일을 열던 날이 기억난다. 보통 작업할 때는 필기구를 옆에 두고 원고를 검토하며 전체적인 교정 방향을 정리하지만, 그날은 〈어쿠스틱 라이프〉 1회를 스크롤하던 독자의 마음으로 먼저 원고를 읽었다. 그리고 놀랐다. 아이를 가지고 낳고 기르는 이야기에 이렇게까지 흠뻑 빠져들 수 있다니. 내 눈은 울고 내 입은 웃고 있었다. 태명이 '쌀'인 아이가 웹툰 마감과 함께 태어난다. 동시에 작가의 발밑을 단단히 받치고 있던 현실이 뒤흔들린다. 육아는 예방 접종부터 돌잔치까지 퀘스트가 끝없이 이어지는 롤플레잉 게임이자, 작가를 빈껍데기로 만들어버리는 우울과 "명치를 죽일 듯이 때리는" 공격적인 행복이 번갈아 찾아오는 "혼돈의 카오스"였다. 출산과 육아라는 미지의 세계를 통과하며 작가는 조금씩 변한다. 세상이 약자를 대하는 태도를 눈여겨보기 시작하고, 엄마라는 이름을 붙여 여성을 통제하려 드는 폭력에 민감해진다. 꼭 아이를 키우지 않아도 누구나 공감할 수 있는 성장 에세이. 아아, 난다님은 글 천재였다.

    그런데 희한했다. 작업에 돌입하기 위해 원고를 차근차근 다시 읽으면서도 나는 처음과 거의 똑같은 압력으로 글에 빨려들었다. 도무지 난다님의 탁월한 글솜씨만으로는 설명할 수 없는 현상이었다. 어째서일까. 곰곰이 생각하니 어렴풋이 알 것도 같다. 나는 내가 겪지 않은 일을 상상하고 공감하는 능력이 발달한 편이다. 어릴 적부터 독서를 소중한 취미로 가꿔온 덕분이라고 생각한다. 소설 속 배경과 인물에 깊이 몰입하지 않고서는 이야기를 즐길 수 없으니까. 독서라는 취미는 수능 언어영역 1등급이라든지 단문 메시지를 보낼 때 80바이트 이내로 내용을 정리하는 요령 등 기타 실용적인 능력도 내게 안겨주었지만, 무엇보다 타인의 입장에 서되 완벽히 타인이 되었다고 자만하지 않는 경계에서 이야기를 받아들이는 감각을 일깨워주었다. 요컨대 육아 에세이를 읽으며 이렇게까지 감동해버린 건, 난다님의 필력에 독자로서 나의 공감 능력이 공명한 결과였던 것이다(착각은 자유니까).

    그런데 여전히 희한했다. 열 번을 읽으면서 열 번을 울고 웃는 건, 아무리 생각해도 독서로 벼린 나의 탁월한 공감 능력과 난다님의 기똥찬 필력의 조화로는 설명할 수 없었다. 뭘까, 나의 멱살을 잡아끌어 원고 속으로 끌어들이는 이 힘은. 알고 싶었다. 너무너무 알고 싶었다. 그래야 나중에 글을 쓸 때 나도 써먹을 게 아닌가. 책상 위에 놓인 교정지를 야망이 이글거리는 눈으로 바라보았다. 책상 아래로는 부드럽게 빌보를 쓰다듬으면서. 하도 안아달라고 애원하는 통에 무릎 위에 빌보를 얹고 일하고 있었던 것이다. 불현듯 머릿속으로 이미지 하나가 탁 스쳤다(마침 삽화가 곁들여진 교정지를 보고 있어서 그랬나 보다). 차력사처럼 머리에 띠를 두른 빌보가 타이어 끌듯이 나를 원고 안으로 끌고 들어가는 이미지였다.

    나는 신생아에게 젖을 물어뜯기는 고통이 얼마나 큰지, 처음 바람을 맞은 아이가 입을 어떻게 오므리는지, "소리를 내고 몸을 움직이고 포크를 떨어뜨리고 물을 쏟는" 아이와 식당에서 밥을 먹는 일이 엄마를 얼마나 노심초사하게 만드는지 알지 못했다. 지금은 조카가 생겨서 훨씬 잘 이해하게 되었지만. 하지만 나는 실수로 꼬리를 밟았을 때 빌보가 얼마나 애처로운 표정을 짓는지, 처음 바닷가에 발을 담근 빌보가 어떤 발짓으로 물살을 튀기며 신기해했는지, 혹시라도 빌보가 짖을까 봐 노심초사하며 애견동반 카페에서 아이스커피를 벌컥벌컥 들이켤 때의 기분이 어떤지는 너무나 잘 알고 있었다. 건강한 성인에 맞춰진 세상에서 번번이 존재를 거부당하고 종종 혼란스러워하는 존재. 그렇지만 이 세상이 한 번도 내게 준 적 없는 행복을 매일매일 안겨주는 존재. 빌보와 함께한 시간이 있었기에, 아이라는 낯선 존재가 삶에 불쑥 들어

왔을 때 벌어지는 일들에 그토록 공감할 수 있었던 것이다. 개 육아의 경험을 바탕으로 아이 육아 에세이를 깊이 이해하게 될 줄이야.

앞서 독서가 나를 공감할 줄 아는 사람으로 만들어주었다고 썼지만, 사실 나는 종이 위에서 펼쳐지는 이야기에만 상호작용하는 인간이었다. 어릴 때부터 그랬다. 삼차원에서 살아 움직이는 존재들에는 도통 관심이 없었다. 제정러시아 시대의 인간이 사형제도 폐지를 부르짖을 때는 펑펑 울면서(도스토옙스키 소설의 《백치》), 영화 〈우리들의 행복한 시간〉에서 배우 강동원이 누명을 쓰고 형장의 이슬로 사라지는 장면을 보면서는 눈물 한 방울 흘리지 않는 타입. 영화는 그렇다 쳐도 현실세계를 이루고 있는 주변 사람에게도 그다지 관심이 없었다. 나는 몇 번 본 사람의 인상착의는 물론 이름도 잘 기억하지 못한다. 학창시절 수학 선생님을 짝사랑했다든지 하는 흔해 빠진 추억도 없다. 짝사랑은커녕, 초·중·고등학교를 통틀어 사귄 친구가 딱 두 명이다. 독서의 폐해였다. 책 속 인물은 하나같이 흥미진진했고, 책 바깥의 사람은 하나같이 시시했으니까. 인류는 사랑하지만 인간 하나하나는 싫어한다는 말을, 도스토옙스키 소설에서 읽은 이후로 나는 입에 달고 살았다.

그랬던 내가 책 바깥으로 시선을 돌리게 되었다. 주변에서 살아 움직이는 다양한 존재에 관심을 기울이게 되었다. 빌보를 무릎에 안고 있으면 굳이 노력하지 않아도 그렇게 된다. 살아있다는 건 이렇게 나처럼 따뜻하고 묵직한 거라고, 6킬로그램 빌보가 온몸으로 내게 알려주니까.

독자의 멱살을 잡아채어 내가 쓴 문장 안으로 끌어들이고 싶다면, 주변을 열심히 두리번거리며 더 많은 존재를 보고 듣고 느낄 것. 아이를 가질 생각이 없어도 육아 에세이를 읽고, 천년만년 살지는 못해도 100년 뒤 지구 풍경을 상상하며 환경 관련 이슈에 관심을 가지고, 가깝게는 엄마의 푸념에 귀 기울이고 멀게는 청와대 국민청원 게시판에 올라온 사연을 주의 깊게 읽을 것. 그렇게 나와 이 세상을 공유하고 있는 다양한 구성원의 고민과 경험이 녹아든 문장을 수집하고 그들의 경험을 다시 내 일상과 글에 녹여낼 것. 베스트셀러 작가로 거듭나는 데 필요한 참으로 귀중한 비결을 난다님이 가르쳐주었다.

다시 빌보의 잠버릇을 돌아가서, 개가 밤새 여기

저기 돌아다니면서 잠자리를 바꾸는 이유는 그 개가 가족을 몹시 사랑하기 때문이라고 한다. 천적이 득시글한 숲에 산다고 가정하면 이해하기 쉽다. 칠흑 같은 밤이 얼마나 위험천만했겠는가. 밤이 오면 본능적으로 경계심을 높여야 했을 터다. 그러니까 밤마다 잠자리를 옮겨 다니는 개의 행동은 사랑하는 가족들이 안전한지 걱정되어 순찰을 하는 것이었다. 처음 이 이야기를 들었을 때 속으로 눈물을 펑펑 쏟았다. 나는 내가 빌보를 재워준다고 생각했는데, 실은 내가 빌보의 보호 아래 숙면을 취할 수 있었던 것이다.

한 차례 감동이 물러가고, 냉정하게 생각하니 아무리 생각해도 본인이 편한 자리를 찾아 여기저기 옮겨 다니는 것 같다. 그 증거로 빌보는 이불을 덮지 않은 사람 곁에는 절대 눕지 않는다. 빌보는 우리에게 사랑을 주지만 자기 자신의 안락함과 그 사랑을 맞바꿀 만큼 헌신적인 성격은 아니다. 나는 그런 빌보를 사랑한다. 빌보가 포근한 이불을 포기하면서까지 가족 곁에서 잠을 청하고 싶어 하는 정 많은 개였더라도 나는 그런 빌보를 사랑했을 테지만.

여자애를 키우는 것은 새침함과 수줍음, 잘 삐침과의

싸움일 거라 생각했었다. 나의 선입견을 깨준 시호의 이런 자신감이 좋다. (새침하고 수줍어하는 아이였다면 그 새침함을 사랑하게 되었을 테지만.) (291쪽)

• 《거의 정반대의 행복》, 난다, 위즈덤하우스, 2018.

카를교에 서서

2016년 여름. 휴가를 맞아 언니, 형부와 닷새 동안 체코 프라하에 머물렀다. 우리가 묵은 숙소는 사탕가게 이층집. 가게가 문 여는 시간인 오전 10시보다 하루를 일찍 시작하려면 1층 셔터를 직접 올려서 빠져나가야 했다. 매일 아침 사탕 바구니에서 풍기는 달콤새콤한 냄새에 입맛을 쩝쩝 다시며 셔터를 올렸고, 다시 드르륵 셔터를 내려서 가게 문을 굳게 잠그는 것으로 여행을 시작했다.

우리 숙소의 장점은 가게 문을 여닫으며 자영업자 체험을 할 수 있다는 것 말고도 카를교와 가까워 조석으로 다리 위를 산책할 수 있다는 점이다. 셔터를 내리고 나면 어제도 그제도 모레도 그래왔던 양 자연스레 카를교로 걸음을 옮겼다. 체코에서 가장 역사가 길다는 다리 위에 서면, 디즈니사의 영화 로고 같은 풍광이 펼쳐졌다. 거리 악단의 연주를 들으며 작은 소품을 파는 좌판을 구경하는 재미도 쏠쏠했다. 하지만 우리가 매일 같이 카를교를 찾은 건 철저히 목적 지향적인 행위였다. 성 네포무크 동상 아래 새겨진 개를 쓰다듬는다, 이것이 우리의 목적이었다.

머리 주위로 다섯 개의 별이 빛나는 성 네포무크 동상 아래에는 동판화가 조각되어 있다. 바츨라프

4세가 그의 개를 쓰다듬는 장면이라고, 여행서 《프렌즈 프라하》가 친절히 알려주었다. 물론 네포무크가 어떤 인물이며 바츨라프 4세는 체코 역사에서 어떤 의의를 갖는지도 상자 글로 잘 정리되어 있었지만 세계사의 지식 한 토막이야 몰라도 된다. 그보다 훨씬 중요한 정보에 일찌감치 형광펜을 쫙쫙 그어 두었으니. 부조에 새겨진 개를 만지면 반려견의 소원이 이루어진다는 전설이었다.

성 네포무크 동상 앞에 처음 선 날, 시커먼 동판화에서 홀로 반질반질 빛나는 개를 발견했다. 그 반질반질한 모습이 좋았다. 전설이 사실이라면 수천수만 마리의 개들이 소원을 이루었다는 증거일 테니까. 고국에 반려견을 두고 온 한국인 관광객 셋은 아침마다 산책 겸 성 네포무크 동상까지 걸어가 왼쪽 부조의 개를 문질렀다. 그리고 빌보가 네발 모아 빌 법한 소원을 열심히 대신 빌었다. "빌보야, 오메가 소시지 두 줄 먹어." "빌보야, 산책길에 웬디 만나서 신나게 놀아." 하루 일정을 마치고 사탕가게 2층으로 복귀하기 전에도 잊지 않고 동판화 앞에 섰다. "빌보야, 서촌까지 드라이브 즐겨." 빌보의 소원을 이루어줄 요술램프를 조석으로 문지를 기회를 놓칠쏘냐. 체코 전설의 기가 막힌

효능을 증명하듯 한국에서는 매일같이 혀를 내밀고 헤헤 웃고 있는 빌보 사진이 전송되었다.

타국에 와서도 잊지 않고 시간을 내어 반려견의 행복을 비는 관광객의 마음이라니. 귀엽다. 하긴, 애초에 부조를 만지면 반려견의 소원이 이루어진다는 전설을 만들어낸 체코 사람들의 귀여움을 따라갈 수는 없겠지만. 한국이라면 바츨라프 4세를 만지는 쪽으로 전설이 형성되지 않았을까. 왕을 만지면 회사에서 승승장구한다거나 하는. 성 네포무크 동상 부조에 얽힌 전설 하나만으로도 충분히 짐작할 수 있었다. 프라하가 개에게 친절한 도시라는 걸.

실제로 여행 도중 목격한 장면들은 프라하가 개를 배척하지 않고 끌어안는 도시라는 사실을 증명해주었다. 주요 관광지와 구시가지 골목마다, 발바닥 열을 식히기 위해 들른 카페의 발치마다 개들이 있었다. 우리나라로 치면 광화문역 7번 출구 앞 카페에서 빌보가 휴식을 취하고 있고, 그 앞 광화문광장 분수대에서는 베이글이 산책을 즐기고 있는 것과 마찬가지다. 쉽사리 상상하기 어려운 광경이다. 체코 견공들이 보여준 매너에도 놀랐다. 대형견이 대부분이었는데도 개들이 서로를 향해 거칠게 짖거나 보호자가 개를 컨

트롤하지 못해 땀 흘리는 광경은 여행 내내 한 번도 보지 못했다. 카를교가 북적이는 주말 오후에조차 견공들은 구름 군중 사이를 평온하게 걸었다. 아니, 어떻게, 모든 개가, 매너가 좋을 수 있지?

수문장 교대식이 한창인 경복궁 앞을 빌보와 지나갔던 경험을 떠올려보니 더더욱 믿어지지 않았다. 사람들이 바글바글 모여 있지, 발아래로는 한복 자락이 바스락거리지, 어디선가 둥둥 북이 울리지. 혼이 쏙 나간 빌보는 그만 대머리가 되고 말았다. 빌보는 불안하면 귀를 뒤로 완전히 젖혀서 대머리처럼 보인다. 속사정을 알면 애처로운 모습이지만 겉으로 보기엔 솔직히 엄청 귀엽다. "빌보야 제발… 우쭈쭈쭈, 간식 줄게! 가자 제발." 얼음처럼 꽁꽁 얼어버린 빌보를 움직이게 만들려고 애걸복걸하고 있는데 관광객 한 명이 다정한 목소리로 "쏘 큐트!"라며 손을 뻗었다. 완전히 겁먹은 빌보는 평소보다 옥타브를 세 음이나 높여 목이 찢어져라 짖었고, 그건 우주에서 빌보를 제일 사랑한다고 자부하는 나조차 참아주기 힘든 음역이었다. 빌보를 잡아채듯 안고 "죄송합니다!"와 "익스큐즈 미!"를 반복하며 인파를 빠져나왔던 아찔한 기억. 그 날 이후로 나와 빌보는 사람이 많은 장소는 피하게 되었는데, 어째서 프라하의 반려견과 보호자는 복작거리는 거리에서도 평온을 유지할 수 있는 걸까. 달콤한 사탕 냄새와 멋진 개들이 오가던 카를교의 풍경, 그리고 '개 매너란 무엇인가'에 대한 궁금증을 간직한 채 프라하 여행을 마쳤다.

체코 견공들이 매너가 좋은 이유를 어렴풋이나마 깨닫게 된 건, 그로부터 2년이 훌쩍 흐른 어느 날 미국 여행 에세이를 읽던 도중이었다. "미국 17개 주 6개 국립공원을 누비며 약 54,800킬로미터를 여행한" 베테랑 여행자의 이름은 코난. 빌보와 동갑내기인 골든레트리버. 《골든 리트리버 코난, 미국에 다녀왔어요》는 "국내 여행 1박도 떠나지 못했던" 두 살배기 코난과 네 식구가 1년 동안 미국을 여행하며 겪은 일을 기록한 책이다. 뉴잉글랜드의 골든레트리버 97마리가 한자리에 모이는 '정모'에 참석한 에피소드를 비롯하여, 웬만한 인간 여행기보다 만 배는 흥미로운 모험담이 가득 담겨 있어 즐겁게 읽었다. 코난 가족이 겪은 일들을 통해 미국 개 문화를 간접 체험해볼 수 있다는 점도 좋았다.

코난 가족이 1년 동안 생활한 도시 보스턴에서는 반려견 등록 시 비용을 추가하면 '오프리시 파크

(Off-leash dog park)' 이용 허가증을 준다. 보스턴 인근에만 도그 파크가 51개나 있는데, 대부분은 목줄을 풀고 놀 수 있는 공원인 오프리시 파크라고 한다. 허가증이 있으면 입장료를 따로 낼 필요가 없는 공공시설이다. 대형견을 많이 키우는 미국에서, 어떻게 목줄 없이도 이용 가능한 공원을 쉰 개나 만들고 운영할 수 있는 걸까. 보스턴보다 세 배나 큰 도시 서울에는 오프리시 반려견 놀이터가 단 네 곳뿐이다. 사람과 함께 이용하는 일반 공원에는 언제나 '강아지 목줄 착용 의무' 푯말이 붙어 있고, 몇몇 공원에는 입마개를 반드시 착용해야 하는 견종이 줄줄이 나열되어 있다.

보스턴시가 오프리시 파크를 안전하게 운영하는 비결은 시청 홈페이지에 적혀 있는 오프리시 파크 이용 가이드라인에서 확인할 수 있었다.

공원을 이용하는 모든 개들은 주인이 이름을 부르면 바로 반응해야 한다. (46쪽)

"주인이 이름을 부르면 바로 반응할 것"이라는 지침의 주어는 '개'처럼 보이지만, 사실은 보호자를 향한 지침이다. 이 가이드라인은 보호자에게 콜이 가능하도록 반려견을 훈련시킬 의무를 부과한다. 아마도 이런 규칙이 견공의 매너를 좌우하는 게 아닐까 싶다. 목줄로 묶어서 보호자의 통제 아래 둔다는 물리적인 해결책 대신, 개가 사회 구성원과 어울릴 수 있도록 꼭 필요한 훈련을 시키는 일의 중요성을 강조하는 사회에서 개는 다른 개나 사람과 어울릴 기회를 더 많이 누릴 것이다. 그런 경험을 통해 개는 사회성을 기를 테고, 사회성이 잘 발달한 개는 그렇지 못한 개보다 도시 생활에 훨씬 잘 적응할 것이다. 사람도 마찬가지다. 어릴 적에 개와 함께 공원을 누빈 추억을 간직한다면 성인이 되어서도 개를 더 포용력 있게 대하지 않을까. 잊을 만하면 터지는 개 물림 사고, 입에 담기조차 끔찍한 동물 학대 사건을 줄이기 위해서라도 지금과는 다른 방법으로 반려동물 문화를 만들기 위한 노력이 필요할 것 같다. 개에게 더 단단한 목줄과 입마개를 채우려는 노력이 아니라, 건강한 펫티켓 문화를 만드는 데 보호자는 물론 행인까지 모든 시민사회를 끌어들이려는 노력 말이다.

사람은 나면 서울로, 말은 나면 제주로 보내라더니, 개는 나면 보스턴으로 보내야 하는 게 아닌가 싶다. 아니면 프라하. 개든 사람이든 최대한 여행을 많이 다니면서 견문을 넓히는 게 이래서 중요하다는 소중한 교훈을 얻고 책장을 덮었다.

　　사실 카를교의 성 네포무크 동상 아래에는 동판화가 하나 더 있다. 성 네포무크가 순교하는 장면으로, 바츨라프 4세가 개를 쓰다듬는 동판화보다 훨씬 유명하다. 이 부조에 새겨진 왕비를 만지면 프라하에 다시 오게 된다는 전설이 전해지기 때문이다. 한데 여행할 당시에는 빌보 소원을 비느라 정신이 팔린 나머지 왕비 쪽은 문지를 생각도 하지 못했다. 그게 못내 아쉽다. 다시 한번 프라하에 간다면, 카를교에 서서 소원을 빌고 싶다. 국적과 관계없이 모든 개가 보편적 동물복지를 누리는 세상이 되기를.

• 《골든 리트리버 코난, 미국에 다녀왔어요》, 김새별, 이봄, 2018.

세상을 바꾸려는 작은 노력

닥스훈트는 오소리 사냥을 위해 개량된 종이다. 굴에 사는 오소리를 쫓으려면 흙을 파야 하니 발은 두툼하니 크고, 굴 밖에 있는 사냥꾼 귀에까지 들리도록 짖어야 하니 목청은 쩌렁쩌렁하다. 그렇다, 목청이 쩌렁쩌렁하다. 빌보 할머니의 할머니의 10대 조상까지 올라가도 오소리 잡은 무용담을 들을 일이 없을 텐데도 여전히 목청이 크다니. 진화란 참으로 신비롭다. 다행히 빌보는 자주 짖는 편은 아니지만, 한번 짖었다 하면 주변 사람들 고막을 찢어놓는다. 특히나 우리 동네 오토바이 배달원 사이에서는 '고막 사냥꾼'으로 악명이 자자하리라. 오토바이 엔진 소리만 들으면 흥분해서 최고 데시벨로 짖기 때문이다. 서울 성북동 일대에서 짜장면, 햄버거, 치킨을 싣고 달리는 배달원분들께 이 지면을 빌려 허리 굽혀 사과드린다. 단, 중국집 ○○루 배달원만 빼고.

○○루 배달원은 친절하게도 오토바이를 세우고 우리를 향해 가운뎃손가락을 들어 올렸다. 아무도 없는 좁은 골목에서 벌어진 일이었다. 하나 둘 셋 넷 다섯. 5초 만에 등이 젖었다. 오토바이에서 내려 성큼성큼 다가와 해코지를 할 것만 같았기에. 그 5초 동안 가운뎃손가락을 들고 ○○루 배달원은 무슨 생각

을 했을까. 깡깡 짖다 말고 바짝 얼어버린 개와 젊은 여자를 보면서 말이다. 잠시 후 오토바이는 가던 길을 갔다. 우리는 10초를 센 뒤에 오토바이와 반대 방향으로 걸었다.

목청 좋은 개와 젊은 여자는 쥐어박기 딱 좋은 한 쌍이다. 사람들은 우리에게 쉽게 말을 걸고, 당연하다는 듯이 훈수를 늘어놓으며, 대놓고 욕한다. 난생처음 나와 눈을 맞춘 중년 남성이 다짜고짜 소리친다. "그 개새끼 조용히 안 시켜?" 생각지도 못한 타이밍에 상상치도 못한 욕지기를 얻어맞으면 얼떨떨하다. 얼굴이 화끈 달아오른다. 그 사이에 소리 지른 사람은 쯧쯧 혀까지 차고는 유유히 사라진다. 나는 이렇게 또 배운다. 개가 짖으면 개새끼가 된다. 그리고 개새끼를 조용히 못 시키는 사람은 욕지기를 들어도 싸다.

사람들은 자꾸 우리를 가르치려 든다. 35년 동안 '어린애→어린 여자→젊은 여자'로 취급당하며 인이 박였다고 생각했는데 착각이었다. 빌보와 함께 걸으면서 훈수의 신세계가 열렸다. 비가 보슬보슬 내릴 때는 개한테 비를 맞힌다고 혼나고, 눈이 소복이 쌓인 날에는 개 발바닥에 동상 걸린다고 혼쭐난다. 빌보가 비와 눈을 좋아하는지 안 좋아하는지는 중요하지 않다. 한여름에는 폭염에 개를 혹사한다고 욕먹는다. 집에서 고작 337미터 떨어진 동물병원에 진료를 받으러 가는 길일지라도 말이다. 빌보를 안고 걸으면 개 버릇 나빠진다고 한마디 하는 사람이 어디에선가 반드시 홍길동처럼 번쩍 나타난다. 내가 탐관오리 급으로 문제 있는 인간인 모양이다.

당신에게는 아무런 권리가 없다고 말하는 그런 남자들은 어디에나 있다. (198쪽)

　　우리에게는 아무런 권리가 없다고 말하는 그런 사람들은 어디에나 있다. 가령 산책길에 "물어요?"라고 묻는 사람이 꼭 있는데, "안 물어요."라는 대답이 끝나기가 무섭게 빌보 머리로 덥석 손을 뻗는다. "○○야, 착한 개래. 한번 만져볼까?"라며 우리의 의사와 상관없이 체험학습을 시작하는 부모도 적지 않다. 만져도 되냐고 양해를 구하는 경우는 거의 없다. 낯선 손길을 받아들일지 말지를 결정하는 주체가 빌보라는 걸 왜 모를까. 자신을 향해 불쑥 손이 뻗어오면 빌보는 십중팔구 뒷걸음질 치며 짖는다. 사람들은 빌보의 화통한 목청이 고막을 찢으면 그제야 황급히 손을 떼고 떨떠름한 표정으로 자리를 뜬다. 왜들 그런 표정을 하는지 모르겠다. 설마하니 물지 않는 개는 자기가 원하면 기꺼이 머리를 내줘야 한다고 생각하는 건지.

사람들은 자꾸 우리를 혼내고 위협하고 가르치려 든다. 어젯밤에는 광화문 한복판에서 웬 할아버지가 우리를 향해 1분 가까이 짖는 시늉을 했다. "왈! 왈왈! 왈왈왈!" 나와 빌보는 그저 천천히 걷고 있었을 뿐인데. 주변에 경찰이 있었지만 그 사람을 제지하진 않았다. 사흘 전 점심 무렵에는 엄마와 서촌을 산책하는데 맞은편에서 걸어오던 중년 여성이 벌컥 화를 냈다. "그러다 개 죽어요!" 여름인데 한낮에 개를 산책시키면 안 된다는 일갈이었다. 23도였고, 간밤에 비가 내려서 공기도 맑았는데. 도대체 왜 우리는 즐거운 산책 시간을 번번이 이런 불쾌한 경험으로 망쳐야 하는지.

정말 모르겠다. 빌보가 꼬리를 흔들면서 풀잎을 적신 빗방울 냄새를 열심히 맡고 있든 말든 내 눈을 보면서 개를 왜 데리고 나왔냐고 화내는 사람의 심리를. 처음에는 오해를 풀어보려고도 했다. "여기, 꼬리 살랑살랑, 보이시죠? 비가 내려서 수집할 냄새가 많으니까 좋아서 그래요. 그리고 얘는 장모라서 요 정도 보슬비는 튕겨낸답니다. 인간의 하찮은 털과는 차원이 다르거든요." 이렇게 설명한들 "그렇군요! 몰랐어요! 그렇다면 다행입니다."라며 물러서는 사람은 없었다. 건방지다고 방방 뛰지나 않으면 다행이지. 이러니 도무지 의심을 풀 수가 없는 것이다. 길에서 우리를 가르치려 드는 대다수 사람은 빌보를 진심으로 걱정해서가 아니라 내가 만만해 보여서 그렇게 행동한다는 의심 말이다.

여자라면 누구나 내 말을 이해할 것이다. 이런 현상 때문에 여자들은 어느 분야에서든 종종 괴로움을 겪는다. 이런 현상 때문에 여자들은 나서서 말하기를 주저하고, 용감하게 나서서 말하더라도 경청되지 않는다. 이런 현상은 길거리 성희롱과 마찬가지로 젊은 여자들에게 이 세상은 당신들의 것이 아님을 넌지시 암시함으로써 여자들을 침묵으로 몰아넣는다. (15쪽)

개와 산책하는 여자 보호자라면 누구나 내 말을 이해할 것이다. 우리는 시끄럽게 굴지 않고 공간을 최대한 적게 쓰려 애쓰면서 개를 귀여워하는 사람에게 미소로 화답할 때에나 산책할 '자격'을 얻는다. 개가 짖는데 통제하지 못하거나, 반갑게 다가오는 사람을 무뚝뚝한 표정으로 피하거나, 또는 개를 지나치게 애지중지하는 순간 면전에 대고 인상을 찌푸려도 괜찮은 존재가 된다. 성인 남자가 개와 산책하는 도중에 "이렇게 못생긴 개를 뭐 하러 키우느냐"라는 타박을 들을 일이 있을까? 내가 아는 여자 보호자는 그런 말을 들었고, 처음 본 사람과 길에서 싸워야 했다.

불쾌한 일은 꼭 리드 줄을 잡은 사람이 나이거나 엄마일 때 벌어진다. 빌보를 안고 걷는다는 이유로 아빠에게 반말지거리하는 사람은 없다. 빌보가 짖는다고 해서 남동생에게 가운뎃손가락을 들어 올리는 사람은 더더구나 없다. 나와 엄마가 억세게 운이 나쁜 케이스여서 하필 이상한 사람을 자주 마주치는 걸까? 우리 동네에 유독 훈수를 두는 게 취미인 주민이 득시글한 걸까? 글쎄, 그럴 수도 있겠지만 그렇게 생각한들 찝찝한 기분이 사라지진 않는다. 불쾌감이 가라앉지도 않는다. 두려움을 떨칠 수도 없다.

예민한 빌보는 이런 차이를 명확히 인지하고 있다. 빌보는 남동생과 산책할 때보다 나와 산책할 때 훨씬 더 경계심을 높인다. 사소한 일에도 목청껏 짖는다. 결과적으로 우리는 더 많은 욕을 먹는다. 악순환이다. 함께 외출하는 사람의 성별에 따라 빌보가 걷는 길이 천국이 될 수도, 지옥이 될 수도 있다는 사실이 너무너무 속상하다. 분하고 억울하다. 하지만 어쩌겠는가. 망할 성별은 바꿀 수가 없는걸.

이놈의 세상을 바꿔야 한다.

어느 저녁 산책길에 동네 이웃을 만나 수다를 떨던 중에 계시라도 받은 듯이 결심했다. 빌보의 중성화 수술이 화제에 올랐는데, 이웃이 나를 한 번 보고 빌보를 한 번 보더니 중얼거린 말이 내 반항심에 불을 댕겼다. "에그 불쌍하네. 여자로 태어나서 새끼도 못 가져보고."

중학생 때부터 내게 골반이 커서 나중에 아이는 잘 낳겠다고 평가하던 세상이, 요즘 여자들은 이기적이라서 아이를 안 낳으려 든다며 쯧쯧 혀를 차던 세상이, 출산지도를 그리고 가임기 여성의 숫자를 한 자릿수까지 꼼꼼히 기록해 넣는 세상이, 중성화 수술을 받은 암캉아지 면전에 대고 새끼 운운하는 지경에 이른 것이다. 도대체 세상이 여자를, 개를 얼마나 무시하기에 이토록 무례한 말들을 면전에서 툭툭 쉽게 내뱉는가. 무례한 훈수는 내 골반에서 끝내야지. 빌보에게까지 영향을 미치게 더는 내버려 둘 수 없었다.

페미니즘은 어쩌면 대부분이라고 해도 될 만큼 많은 문화에, 셀 수 없이 많은 조직에, 세상 대부분의 가정에, 무엇보다도 모든 것이 시작되고 끝나는 우리의 마음에 깊이 뿌리내렸을 뿐 아니라 아주 오래되고 광범위하게 퍼진 무언가를 바꾸려는 노력이다. (206쪽)

　　세상을 바꾸려는 나의 노력은 아주 작은 데서부터 시작되었다. 가령 모자를 푹 눌러쓰는 것에서부터. 모자를 눌러쓰면 눈 밑에 그림자가 져서 약간 카리스마 있어 보인다. 이런 하찮은 눈속임이 무슨 소용 있겠냐 싶겠지만 길을 걸어보면 꽤 효과적이다. 시비를 걸어오는 사람은 대부분 상대가 만만해 보여서 그렇게 행동하는 것이다. 얼굴이 보이지 않으면 만만할 확률이 반반이므로 쉽사리 시비를 걸지 못한다. 모자는 '시비 시그널'을 차단하는 데 많은 도움을 준다.

　　헛소리에는 "네?"로 일관하는 전략도 승률이 좋은 편이다. 가령 "암컷한테 왜 중성화수술을 시켰대!"라며 타박하는 사람에게 되묻는다. "네?" 눈치가 있는 사람이라면 그 안에 함축된 의미가 "무슨 그런 바보 말미잘 같은 말이 있죠?"임을 이해한다. 눈치가 부족한 사람한테는 대답을 두 글자로 늘린다. 이때 목소리는 조금 더 키운다. "네에?" 그러면 열에 아홉은 미간을 한 번 찌푸리고는 우리 곁을 떠난다. 다짜고짜 호통부터 치는 사람에게 굳이 공손하게 대응할 필요는 없다. 경험상 그들은 공손함을 거드름으로 갚을 확률이 크기 때문이다.

모자를 활용한 시선 차단과 헛소리를 맞받아치는 단답형 대답. 이 두 가지는 작디작은 행동이지만 내 나름으로는 단호한 의사표현이다. '내게는 무례한 당신을 무시할 권리가 있다'는. 나의 딱딱한 태도를 지적하며 기분 나빠 하는 사람도 있다. 그냥 지나친다. 콩 심은 데 콩 나고 팥 심은 데 팥 나는 거지 뭐. 여자와 개에게 부드럽고 다정하게 반응할 것을 요구하는 데는 질렸다. 이렇게 생각해버리는 데까지 4년이 걸렸다. 아니, 평생이 걸린 기분이다.

리베카 솔닛은 페미니즘이 이끌어내고 있는 변화를 판도라의 상자에 빗댄다. 한번 상자에서 빠져나온 힘은 도로 상자 속으로 돌아가지 않듯이, 페미니즘이 바꾼 "생각들"은 아무리 법과 정치를 동원해 억누르려 해도 결코 우리 머릿속에서 사라지지 않는다는 것이다. 정말 그렇다. 시간이 지날수록 실감한다. 움직임은 더딜지 몰라도 생각들은 변화로 이어지고 있다. 그 변화란 게 고작 무례한 질문에 단답형으로 대꾸하는 정도라 해도 말이다. 품 안에서 땅문서를 꺼내며 돈 버는 비법을 알려주겠다고 열변을 토하던 지하철 옆자리 할아버지의 말을 10정거장 내내 공손히 경청한 적이 있을 정도로 조신한 청취자 역할을 내면화한 나로서는 이만큼 변화도 상전벽해 수준이다.

    리베카 솔닛을 비롯한 페미니스트 작가들이 내 손에 쥐여준 것은 책이 아니라 판도라의 상자였다. 나는 그 상자를 열었다. 그 안에서 튀어나온 것은 언어다. 찝찝함, 불쾌감, 두려움 때문에 꽉 다물었던 내 입을 트이게 해준 언어. 마침내 입을 벌린 내가 주장하고자 하는 말은 사실 별거 없다. 성별과 상관없이 개와 즐겁게 산책할 수 있는 세상 만들기. 단지 그뿐이다.

• 《남자들은 자꾸 나를 가르치려 든다》, 리베카 솔닛, 김명남 옮김, 창비, 2015.

누군가에게 응원이 되길

2016년 8월 14일, YTN 뉴스는 천안의 어느 평범한 가정집에서 상온에 보관한 달걀이 저절로 부화하는 장면을 단독 보도했다. 어미 닭의 따뜻한 궁둥이를 대신해 병아리 세 마리를 탄생시킨 산파의 이름은 다름 아닌 폭염. 22년 만에 한반도를 덮쳤다는 지독한 더위였다. 아이러니하게도, 바깥은 연일 최고기온을 갈아치우는 와중에 나는 냉방병에 걸렸다. 프리라이터로 인생 2막을 열겠노라며 대차게 회사를 그만두고는 3개월 만에 슬그머니 재취업한 사무실 에어컨 바람이 너무 셌다. 카디건을 걸치고 수면양말을 올려 신은 채로 덜덜 떨며 근무하길 수개월, 결국 퇴사를 택했다. 물론 냉방병 때문은 아니고…. 생계 걱정에 잠시 멈칫했던 프리라이터를 향한 발걸음을 다시, 제대로, 힘차게 내딛어보자 굳게 마음먹은 까닭이었다.

    퇴사와 동시에 불지옥에 떨어졌다. '푹푹 찐다'는 표현은 내 몸에서 솟구친 땀에 내 살이 만두 찌듯 쩌질 때 쓰는 말이었다. 냉방병이 현대인의 축복인 줄도 모르고…. 얼마나 후회했는지 모른다. 프리라이터 같은 건 한 달 뒤에 됐어도 상관없잖아. 산업용 전기를 마다하고 에어컨 없는 가택연금을 택하다니. 미쳤지, 미쳤어. 미쳐도 이상하지 않을 더위였다.

아무것도 할 수가 없었다. 통장을 야금야금 헐어서 아이스커피를 들이켜고 수박을 쪼개며 하루하루 버티는 수밖에. 뭐라도 해야 한다는 강박에 노트북만은 늘 켜두었다. 시작은 늘 #구달 #블라디보스토크하라쇼 #고독한외식가 #일개미자서전 등 내 필명과 내가 만든 독립출판물 해시태그 검색부터였다. 시간이 남으면 온라인 서점을 돌며 신간 목록을 훑고 요즘 잘 나가는 책들의 판매지수에서 인세 수입을 유추하며 부러워했다. 좋아하는 칼럼니스트의 글을 찾아 읽으며 이 더위에 이렇게 멋진 글을 써내는 비결은 에어컨이 있는 작업실일까, 작가의 굳은 의지일까, 아니면 고료일까, 역시 에디터의 마감 독촉일까 따위를 곰곰이 생각했다. 그러다 이내 땀범벅 곤죽이 되어 선풍기 앞에 드러눕기 일쑤였다. 한심스러웠다. 더위를 핑계로 하루하루 시간만 죽이고 있는 내가. 휴식이 필요해서 퇴사한 게 아니었기에(휴식이 가능한 날씨도 아니었지만) 무기력하게 흘려보내는 하루하루가, 혀를 빼물고 누워만 있는 나 스스로가 창피하고 민망했다.

7월 말에 회사를 그만두고 집에 틀어박힌 지난 두 달 동안 나는 아무것도 하지 않았다. 본업인 편집 일을 접으면 부업인 독립출판물 제작에 매진할 줄 알았는데, 그러지도 못했다. 순식간에 불어난 여가를 어디에 써야 할지 몰라 우왕좌왕하는 사이 시간이 재깍재깍 흘렀을 뿐. 쉽게 말해 먹고 자고 빈둥거리는 데 두 달을 썼다. 이상하다. 그렇다면 도대체 먹고 자고 빈둥거리지 않은 시간은 어디로 흘러가 버렸을까. (3, 4쪽)

고작(?) 39도에 호들갑을 떠는 한심한 인간과 달리, 빌보는 말없이 더위와 맞서고 있었다. 당시 빌보는 한 살 반. 폭염은 난생처음 겪을 텐데 당황하지도, 덥다고 난리법석을 피우지도 않았다. 그저 5월 즈음부터 부지런히 털을 뿜어내더니 본격적인 무더위가 시작되자 집안 곳곳에서 그늘을 찾아내 쏙 숨어들었다. 내 책상 아래로, 혹은 동생 침대 밑으로, 때로는 이불을 널어둔 빨래 건조대 아래로. 누울 때는 몸을 벽에 찰싹 붙여서 시멘트의 한기로 체온을 낮췄다. 그러고는 내리 잠만 잤다. 해가 완전히 기울어서 몸을 살살 움직일 만해질 때까지. 하루에 산책을 네다섯 번씩 하던 애가 배터리가 방전된 로봇처럼 온종일 쿨쿨 잠만 자는 게 너무 걱정스러웠다. 덜컥 겁이 날 정도였다. 혹시 더위를 먹었나, 탈수증이면 어쩌지. 빌보? 빌보? 축 늘어진 빌보를 마구 흔들어 깨우길 여러 차례. 가슴이 규칙적으로 오르락내리락하는지 수시로 체크했다. 눈앞에서 장난감을 흔들며 억지로 움직이게 만들려고 애쓰기도 했다. 날이 갈수록 온도는 치솟았고, 그럴수록 빌보는 축 늘어진 채로 눈만 멀뚱멀뚱 떴다. '더워…' 빌보 눈망울에 폭염이 맺혀 있는 느낌이었다. 큰일 났네, 큰일 났어. 개는 온몸이 털로 뒤덮인 데다 피부에 땀샘이 없어서 더위에 취약하다. 열사병에라도 걸리면 체온이 급격히 치솟아 쇼크가 올 수도 있다. 프리라이터로서의 미래고 나발이고 빌보 건강을 사수하는 데 온 힘을 쏟을 때였다.

산책 시간부터 앞당겼다. 아침 8시면 알람 없이도 번쩍 눈을 떠서 빌보를 깨워 부리나케 광합성을 시켰다. 혹시라도 비타민 D가 부족해서 우울해질까 봐. 돌아와서는 창문을 활짝 열어 바람이 잘 통하게 해놓고, 방문마다 무거운 것을 괴어 혹여 바람에 문이 쾅 닫혀 빌보가 갇히지 않도록 신경 썼다. 강아지용 대리석을 주문했다. 배송을 받고 보니 두께 2센티미터, 무게가 자그마치 15킬로그램이 나가는 화강암 덩어리였다. 머그잔만 쥐어도 손이 후들거리는 미력한 손아귀 힘을 지닌 나지만 사자후를 토해내며 돌덩이를 번쩍 들어 빌보 집 앞에 설치했다. 얼음을 담은 봉지를 선풍기 뒤쪽에 매달아 냉풍이 나오게 하고 부채질을 보탰다. 세 시간마다 빌보 물그릇에 얼음 한 알을 동동 띄우는 일도 잊지 않았다. 배변패드를 평소보다 자주 가는 등 실내 불쾌지수를 낮추는 데도 만전을 기했다. 나의 하루하루는 폭염과 맞서기 위한 투쟁으로 채워졌다. 그러거나 말거나 빌보는 내내 잘 뿐이었지만. 빌보가 건강하게 여름을 나도록 도와야 한다는 과제가 잡생각을 쫓아냈고, 본능적으로 일상을 유지해나가도록 도왔다.

불구덩이 같았던 여름이 마침내 지나갔다. 아침저녁으로 선선한 바람이 불어올 즈음 쓰고 싶은 이야기가 생겼다. 아무것도 하지 않은 시간을 글로 기록해 길이를 재어보자고. 평범한 일상으로 채우는 시간의 가치를 한번 증명해보자고. 빌보를 돌보며 오직 폭염을 이겨내는 데만 집중한 여름을 지나왔기에 떠올릴 수 있는 아이디어였다.

허무하게 날려 먹었다고 생각한 하루하루는 사실 꽤 바쁘게 흘렀다. 아무것도 하지 않은 게 아니라, 한 푼도 벌지 않았을 뿐이다. 시간을 소비한 대가로 가치

있는 무언가를 생산하지 않았을 뿐이다. (12쪽)

내가 새로운 작업에 대한 의욕을 불태우는 사이 빌보는 조금씩 털을 찌웠다. 활동량도 식욕도 장난기도 평소대로 돌아왔다. 우리는 다시 아침저녁으로 긴 산책에 나섰다. 집에 돌아오면 빌보는 바람이 드는 창가에 누워 늘어져라 잤고, 나는 그날 일과를 착실히 기록했다. 오늘은 점심에 짜파게티를 끓여 먹었고, 오늘은 빌보와 동물병원에 다녀왔고, 오늘은 도서관에서 책을 빌렸고… 그렇게 9월 24일부터 10월 24일까지, 한 달이라는 시간이 서른 꼭지의 글로 모였다.

성탄절에 해방촌에서 열린 언더그라운드 마켓에서 네 번째 독립출판물 《한 달의 길이》를 처음 선보였다. 1년 중 가장 화려하고 떠들썩한 날에 이토록 시시한 일상을 엮은 에세이를 판매하게 될 줄이야. 6,000원짜리 책. 열 권 남짓 팔았나 보다. 수입은 소박했다. 그런데 마음은 마냥 부풀었다. 무의미하게 흘려보냈다고 생각한 시간들이 글로 쌓여 초록색 표지를 두르고 내 앞에 놓여 있는데, 그게 꼭 여름의 내가 겨울의 내게 건네는 응원 같았다. 시시콜콜한 일상에서 이야기를 끄집어내는 작업이 폭염 앞에 무너졌던 무기력한 나를 일으켜주었다. 나를 일으켜 세워준 글이 또 다른 누군가에게 응원처럼 건네졌으면 좋겠다고 생각했다.

 그날 해방촌에서 부풀어 오른 마음을 안은 채로 지금까지 꾸준히 일상을 소재로 한 글을 써오고 있다. 2016년 여름, 한반도를 점령한 폭염은 달걀도 모자라 프리라이터 구달의 정체성까지 부화시켜버렸다.

• 《한 달의 길이》, 구달, 2016.

개를 위한 법은 없다

그날은 저녁에 비 예보가 있었다. 오후 5시. 빗방울이 떨어지기 전에 산책을 마치려고 빌보와 서둘러 밖으로 나섰다. 우리 빌라에서 윗길로 10분 정도 올라가면 '하늘한마당'이라는 예쁜 이름이 붙은 근린공원이 나온다. 흙길을 걸으며 풀냄새를 실컷 맡을 수 있어 빌보가 굉장히 좋아하는 산책 코스. 그날도 우리는 하늘한마당을 향해 총총걸음을 옮겼다. 사람 기준으로 열 보쯤 걸었을까. 어쩐지 느낌이 싸했다. 길이 너무나 고요했다. 평소라면 "왈왈"과 "쿵쿵" 소리가 울려 퍼질 타이밍이었다. 단독주택인 이웃집에서 백구와 미니핀을 키우는데, 밖에서 기척이 들리면 미니핀은 짖고 백구는 대문을 들이받고는 했다. 언제나 그랬다. 몇 번은 열린 대문으로 탈출한 미니핀과 마주친 적도 있었다. 금세 보호자가 나타나 개를 데리고 들어가기는 했지만. 하여간 지나칠 때마다 신경이 쓰이는 집이었다. 그리고 그날은 평소보다 더 신경이 곤두섰다. 또 대문이 열려 있는데 개는 보이지 않고, 주변은 너무 고요했기에.

 50여 미터 떨어진 고등학교의 후문 안쪽에 백구가 서 있었다. 재빨리 빌보를 안아 올렸다. 다음 순간 백구가 우리 앞에 있었다. 발소리조차 들리지 않았는데. 그때 알았다. 정말 위험한 개는 짖지 않는 개라는 걸. 백구는 정확히 빌보를 노렸다. 내 품에서 삐져나온 빌보의 왼쪽 뒷다리를 물고 낚아채려 했다. 천천히 뒷걸음질 치며 소리쳤다. 살려달라고, 살려달라고. 내 입에서 살려달라는 말이 나올 줄은 꿈에도 몰랐다. 내가 팔을 풀지 않아서 빌보를 낚아챌 수가 없자 백구는 내 오른쪽 팔뚝을 물었다. 살갗이 불에 덴 것처럼 뜨거웠다. 천만다행히도, 근처 저택에서 일하는 분이 수건을 손에 쥔 채로 달려오셨다. 수건을 휘둘러 백구를 내 팔에서 떼어낸 그분은 열린 대문 안으로 개를 밀어 넣었다. "이 집 개예요. 몇 번 봤어요."

다리가 풀렸다. 주저앉아서 숨을 고르려는데 피가 보였다. 아스팔트에 점점이 흩뿌려진 검붉은 피. 빌보를 안고 정신없이 골목길을 뛰어 내려갔다. 호흡이 제대로 되지 않아 내 입에서 괴상한 소리가 났다. 골목 입구에서 항상 인사를 나누는 카페 사장님 얼굴이 우리를 보고 충격으로 일그러졌던 게 기억난다. 정신없이 달려 가까운 동물병원에 도착했다. 백구를 맞닥뜨린 순간부터 처치실에 누울 때까지, 빌보는 낑낑거리지도 헐떡이지도 않았다. 너무 놀라서 숨이 막혀버린 듯했다. 수의사 선생님이 상처에 소독약을 뿌리자 빌보는 그제야 비명을 내질렀다. 그 비명이 나를 평생 따라다닐 것만 같다.

내 팔뚝을 깨물린 상처는 대수롭지 않았지만 그 상처가 아니었으면 경찰에 수사를 요청하지 못했을 것이다. 개가 나를 물면 형사 사건으로 과실치상이 적용된다. 하지만 빌보를 물면 재물손괴에 해당하므로 민사로 해결해야 한다. 우리나라 현행법상 동물은 '물건'이기 때문이다. 생명권을 침해당한 건 빌보인데 나의 재산권이 보호받는 현실. 법을 몰라도 한참 몰랐다. 그런데, 나보다 더 법에 무지한 사람이 있었다. 그는 개가 한 짓을 왜 자신에게 뒤집어씌우느냐며 길길이 날뛰었다. 백구 보호자였다.

경찰에 신고하고, 담당 수사관이 배정되고, 경찰서에 출석해 피해 진술을 하고, 기소 의견으로 사건이 검찰에 송치되고, 검사실에서 제안한 형사조정을 받아들이기까지 딱 두 달이 걸렸다. 그 지난했던 과정은 생략하도록 하자. 내 귀에 들러붙은 '합의'라는 단어가 지긋지긋했다는 사실만 적어두고 싶다. 모두가 합의를 이야기하는데 주어는 쏙 빠져 있었다. 합의하면 (경찰과 검찰은) 작디작은 사건에 공권력을 낭비하지 않아도 된다. 합의하면 (백구 보호자는) 수사기관에 불려 다니느라 사생활을 침해당할 필요가 없다. 그렇지만 나와 빌보는? 백구는? 합의하면 우리가 두 달 전처럼 아무런 두려움 없이 산책에 나설 수 있나? 열린 대문으로 탈출했던 백구는 고등학교 후문에서 나왔다. 똑같은 상황이 반복되어 학생이 물리기라도 하면, 그때 또 합의하면 그만인가? 공격성이 있는 개와 함께 살면서 문단속을 소홀히 하는 건 심각한 문제다. 나는 백구 보호자가 '합의하면 그만'이라고 생각하는 대신 책임감을 가지고 이 문제를 바라보기를 바랐다. 백구를 제대로 관리하고 교육하기를 바랐다. 하지만 백구 보호자는 치료비 합계가 얼마냐고 끈덕지게 물어올 뿐이었다. 물어줘야 할 금액이 너무 크면 합의 못 한다면서. 합의를 자신이 가진 권리라고 생각하는 모양이었다. 기가 막혔다. 지치기도 했다. 검사실에서 형사조정을 권할 즈음에는 그냥 빨리 해결하고 없던 일로 만들고 싶었다.

형사조정 당일. 서울북부지방검찰청이 아니라 집 앞에서 백구 보호자와 만났다. 대문이 열려 또다시 탈출한 백구가 이번에는 우리 빌라 앞에서 산책 중이던 황구를 공격한 것이다. 그때 나와 엄마, 빌보는 황구 뒤에서 천천히 걷고 있었다. 모처럼 기분 좋게 오전 산책을 마치고 집으로 돌아가는 길이었는데, 황구 보호자의 비명과 함께 산책길은 다시 지옥이 되었다. 나는 좀 정신을 잃었던 것 같다. 의미 불명의 악다구니를 쓰며 빌보를 끌어안고 집으로 뛰어 들어갔다. 벌벌 떠는 손으로 112에 신고했다. 겨우 진정하고 나가 보니 경찰차며 구경 나온 동네 주민들로 빌라 앞이 소란했다. 눈을 부라리며 길길이 날뛰는 웬 젊은 남자의 목소리가 제일 컸다. "당장 가서 그 개새끼 내가 안락사 시키고 온다니까!"

처음에는 그 사람이 황구 보호자인 줄 알았다. 자신의 개가 공격당해서 이성을 잃은 거라고. 그게 아니라 백구 보호자였다. 그 와중에 경찰은 신고자를 찾느라 바빴다. 우리 집 주소를 불러가며 내 이름을 외치고 있었다. 미쳐 돌아가는 상황에서 그나마 다행인 건 황구가 많이 다치지 않았다는 사실 하나뿐이었다. 약간의 치료비를 물어주는 선에서 상황이 수습될 듯하자 백구 보호자는 경찰을 붙들고 하소연을 늘어놓았다. 억울해 죽겠다고. 물은 건 개인데 다들 자기를 죄인 취급하는 통에 미칠 것 같다고. 저 미친 사람과 두 시간 뒤에 합의를 봐야 한다고 생각하니 나야말로 돌아버릴 것 같았다. 경찰이 또박또박 읊은 덕분에 내

본명과 주소까지 다 알아버린 사람과 말이다.

서울북부지검의 각진 회색 건물, 신분증을 맡기고 보안검색대를 통과하는 출입 과정, 기다란 복도마다 굳게 닫힌 철문과 그 앞에서 초조한 표정으로 서성이는 사람들. 조정실 앞에서 다시 만난 백구 보호자는 검찰 조직의 엄숙한 분위기에 기가 죽은 듯했다. 불과 두 시간 전에 내게 눈을 부라리던 사람이 아까는 정말 죄송했다며 말을 붙였다. 자기 개가 어릴 적부터 문제가 많았다면서, 사람까지 물을 줄은 꿈에도 몰랐다고 했다. 다 변명으로만 들렸다. 딱 두 가지를 물었다. 문제 행동을 보이는 개라면 왜 훈련시키지 않았느냐고. 개가 탈출하는 성향을 알면서 대문 잠금장치는 왜 고치지 않은 거냐고. 백구 보호자가 대답을 찾지 못하고 버벅대는 사이 조정실 문이 열렸다.

2014년에만 형사조정 의뢰된 5만4691건 중 무려 2만5523건이 조정 성립되었다. 61.4%의 놀라운 조정 성립률이다. 형사조정위원이 별다른 조정·중재 교육을 받지 못한 점에 비춰보면 놀라운 결과다. (311쪽)

《검사내전》을 미리 읽고 갔다면 좋았을 뻔했

다. 그랬으면 형사조정위원이 "별다른 조정·중재 교육을 받지 못한" 사람들임을 조정 도중에 깨닫고 당황하는 일은 없었을 텐데. 형사조정은 검사가 아니라 형사조정위원회가 맡아서 진행한다. 대검찰청 홈페이지에서 찾아본 정보에 의하면, 형사조정위원회는 변호사, 퇴직 교사, 회계사 등 다양한 직업군의 민간 전문가로 구성된다고 했다. 막연히 내 사건에는 반려동물 분쟁 전문가 내지는 비슷한 사건을 다룬 경험이 많은 위원들이 배정되었으리라고 믿었다. 조정실에는 형사조정위원 3인이 앉아 있었다. 이제 저분들의 전문 지식에 도움을 받아 합의에 이르겠거니 생각했는데, 웬걸. 어쩐지 시장에서 물건값 깎을 때와 크게 다르지 않은 분위기에서 질문이 이어졌다. "그래서 얼마를 생각하고 오셨느냐?" "그 금액이 맥시멈이시냐?" "그러면 미니멈은 얼마까지 가능하시겠느냐?"라며 합의의 초점은 합의금에 맞춰져 있었다. 세 사람 중 상석에 앉은 조정위원은 내 귀에 다 들리게 자꾸 혼잣말을 했다. '벌금은 때려봤자 얼마 안 나오겠는걸. 민사로 진행해도 배상을 많이 받기는 어렵겠는걸….' 개 물림 사건에서 통상 무엇을 어떻게 합의하는지, 재발방지를 위해 대문 잠금장치를 고치도록 요구할 수는 없는지 등 정말 궁금했던 사항에 대해서는 조언을 듣지 못했다. 형사 합의는 그야말로 당사자가 자유롭게 정하는 것이라는 설명 외에는.

나와 백구 보호자가 차례로 철문을 열었다가 닫으며 맥시멈과 미니멈을 부른 결과, 삼십여 분 만에 조정이 성립되었다. 빌보 치료비만 120만 원이 넘는다는 사실을 알고 있었으면서 무슨 생각인지 미리 현금 100만 원을 인출해 왔다는 백구 보호자에게 합의금 전액을 송금 받는 것으로 법적 절차는 끝났다.

《검사내전》에 붙은 부제는 "생활형 검사의 사람 공부, 세상 공부"다. 저자가 형사부 소속 검사로 오래 일한 경험을 녹여서인지 사기, 도박, 신호위반 교통사고, 폭력 등 우리 생활 가까이에서 벌어지는 형사 사건을 주로 소개한다. 권력형 비리라든지 검찰 개혁 같은 굵직한 문제를 다루었다면 이번만큼은 결코 좌시하지 않겠다며 결의를 다지는 정도로 독서를 마쳤겠지만, 까딱 잘못하면 나도 언제든 휘말릴 수 있는 사건이 줄줄이 등장하니 밑줄까지 치며 공부하듯 꼼꼼히 읽게 됐다. 사기의 첫 번째 공식이 "피해자의 욕심을 자극하는 것"이라는 점. 사기꾼은 "없는 사람, 약한 사람, 힘든 사람, 타인의 선의를 근거 없이 믿는 사람들을 노린다"는 서글픈 진실. 법률서비스는 "불가피할 때 부작용을 각오하고 어쩔 수 없이 선택해야 하는 일종의 치료약"이라는 문장에도 형광펜을 그었다.

작가 김웅은 말한다. "검사란 사람 공부하기 좋은 자리이구나"라고. 연쇄 사기마, 도박사, 고소왕, 거짓 증언자, 도사, 권력을 틀어쥔 부장검사, 당청 꼴찌 검사…, 단행본 한 권에 이토록 다양한 인간군상이 담기는 걸 보면 정말 그런 듯하다. 물론 모든 검사가 사건을 다루면서 그 사건 안에 사람이 있다는 사실을 진지하게 들여다보지는 않겠지만. 김웅처럼 사람을 배우고 세상을 공부하며 얻은 깨달음을 위트와 필력에 버무려 많은 사람과 공유하고자 하는 검사도 있다.

하지만 피해자는? 그들은 사기를 당하고 송사에 휘말리는 과정을 통해 도대체 무엇을 배우나. 앞서 작가가 소개한 사기 공식처럼, 사기꾼들은 "없는 사람, 약한 사람, 힘든 사람"을 노린다. 겨우 한 줌을 손에 쥔 사람이 그 한 줌마저 털리면 회복할 재간이 없을 것이다. 《검사내전》에 소개된 수민 씨의 사례처럼, 사회 초년생이 정교하게 조작된 범죄의 수렁에 한번 빠지면 헤어 나오기 쉽지 않다. 피해의 그림자가 삶에

드리우는 꼬리도 길 테다. 사기당한 교훈을 반면교사 삼아 내적 성장을 이루고 다음을 기약할 기회 같은 건 영영 오지 않을지 모른다. 살해당한 경우라면 존재 자체가 파괴된다.

개 물림 사고로 작은 송사를 치르면서 나는 약간의 법 지식을 익혔다. 법대로 하는 것만이 능사가 아니라는 사실도 배웠다. 하지만 개들은? 빌보는 이번 일을 겪으며 지독한 산책 트라우마를 얻었다. 바로 집 앞에서 물려 죽을 수도 있다는 두려움에 극도로 예민해졌다. 봉합한 상처 부위가 자꾸 벌어져 몇 번이나 병원 신세를 졌고, 자신을 무서운 병원으로 데려갈지도 모른다는 생각에 내가 외출복을 입기만 해도 벌벌 떨었다. 1년이 지난 지금도 그렇다.

우리를 물었던 백구는 지금 어디에 있을까. 백구 보호자는 지방에 사는 지인에게 개를 보낼 예정이라고 했다. 목줄에 묶여 있을까. 산책은 할까. 살아있기는 할까. 빌보와 함께 골목을 누비면서 동네에 어떤 개들이 사는지, 산책 코스나 횟수가 어떤지 자연스럽게 익혔다. 그 4년 동안 우리를 문 백구가 산책하는 모습은 한 번도 보지 못했다. 평생 마당에 갇혀 살았던 개. 사람과 함께 사는 데 필요한 규칙을 익힐 기회를 얻지 못한 개. 나와 빌보가 산책하는 모습을 보면 대문을 쿵쿵 들이받던 개. 어쩌면 자신의 보호자에게 피해를 주장해야 마땅한 백구는 모습을 감췄다.

• 《검사내전》, 김웅, 부키, 2018.

산책이 뭐라고

문득문득 떠오르는 파편 같은 기억이 있다. 빌보가 백구에게 물린 날이다. 두 시간이나 걸린 치료를 마치고 동물병원 밖으로 나오니 어느덧 밤. 저녁부터 시작된 장맛비가 추적추적 내리고 있었다. 처마 밑에 서서 아빠를 기다렸다. 한동네에서 일하는 아빠가 마을버스를 타고 우리를 데리러 오고 있었다. 빌보는 온몸을 떨었다. 내 발끝으로 물이 똑똑 떨어졌다. 왼쪽 다리에 붕대를 칭칭 감은 빌보를 입고 있던 카디건으로 감싸 안았다. 빌보가 흘린 피가 굳어 진득해진 천 자락이 내 손등을 쓸었다. 그렇게 10분쯤 기다렸을까. 횡단보도를 건너는 아빠가 보였다. 손에 웬 검은 봉지가 들려 있었다.

"그건 뭐야?"

다짜고짜 물었다. 내용물이 뭔지 궁금해서가 아니라 어이가 없어서 내뱉은 말이었다. 우리 집에서 아빠는 일명 '성북동 검은 봉지'로 통한다. 자잘하게 뭘 사는 걸 좋아해서 늘 퇴근길에 땅콩 전병이며 꽈리고추를 사다 나르기 때문이다. 검은 봉지가 손에서 마를 날이 없다. 그래도 그렇지, 피와 비에 젖은 우리를 데리러 오는 길에도 쇼핑을 한 게 맞는지. 나는 물었고 아빠는 멋쩍은 듯 웃으며 대답했다. "이거? 잠옷 바지. 버스에서 딱 내렸는데, 요 앞 가게에서 싸게 팔더라고."

하늘색 바탕에 흰둥이 수십 마리가 그려진 잠옷 반바지. 아빠는 그날 산 반바지를 여름 내내 입었다. 심지어 한겨울에도 입더니 계절이 한 바퀴 돌아온 요즘도 입는다. 그 잠옷을 보면 나는 종종 고립된 기분을 느낀다. 이런 내 마음을 아빠는 꿈에도 알지 못할 것이다.

그리고 아픔을 견디고 있을 때, 사람은 고독하다. 아무리 서로 사랑하는 연인이라도, 아무리 절친한 친구라도, 우리가 느끼는 격렬한 통증을 뇌에서 꺼내어 건네줄 수는 없다. 우리의 뇌 속으로 찾아와 느끼고 있는 **아픔을 함께 느껴줄 사람은 어디에도 없다.** (138쪽)

"빌보가 개한테 물렸어. 죽을 뻔했어."

언니에게 전화를 걸어 대성통곡하며 말했다. 같은 말을 육하원칙에 따라 구체적으로 정리해 경찰서에서 진술했다. 친구들 앞에서는 담담하게 이야기했다. 누구를 향해 어떤 방식으로 내뱉듯, 저 말은 나를 그날 그 순간 그 개 앞으로 데려간다. 짖지 않는 개가 어느새 빌보와 내 앞에 있다. 목 뒤로 소름이 돋는다.

하지만 같은 말이 아빠 귀에 들어갔을 때, 다른 가족이나 친구에게로 옮겨갔을 때, 검사가 진술서에 기록된 문장을 읽을 때, 그들은 나와 같은 장면을 목격하지 못한다. 아무리 수십 번을 되풀이하여 또박또박 설명해도 소용없다. 오직 나만 알고 있는 공포. 아빠 손에 들린 검은 봉지를 떠올릴 때면 나는 내가 혼자일 수밖에 없음을 자각한다.

빌보의 상처가 완전히 아무는 데 꼬박 한 달이 걸렸다. 마침내 살이 벌어질 염려 없이 산책하러 나갈 수 있게 되었을 때, 빌보는 꼬리를 말고 자기 집으로 숨었다. 제일 좋아하는 간식인 오리육포를 눈앞에서 흔들어봤지만 부들부들 떨 뿐이었다. 어떤 날은 거실 창틀 위로, 어떤 날은 침대 밑으로 숨었다. 하루에도 서너 번씩 산책하러 나가자고 채근하던 빌보였다. 몸이 근질근질하다 싶으면 여봐란듯이 과장된 걸음걸이로 총총 걸어가서 작은방 문고리에 걸어둔 산책 가방을 코로 툭툭 치면서 눈치를 주곤 했다. 그랬는데, 그랬던 빌보가 산책을 거부하고 있었다.

지금도 빌보는 "산책"이라는 말이 나오기 무섭게 침대 밑으로 숨는다. 매일 겪는 일이지만 나는 매번 좌절하고 가끔은 운다. 속상해서. 그래도 싫다는 빌보를 억지로 잡아끌어서 꾸역꾸역 밖으로 데리고 나갔다.

빌보는 집앞을 너무너무 무서워했지만, 그 구간만 무사히 통과하면 예전처럼 킁킁 냄새를 맡으며 안정을 되찾기도 했다. 1분이면 사라질 두려움 때문에 빌보가 그토록 좋아하는 산책을 포기할 수는 없다고 생각했다. 그 1분의 두려움이, 빌보가 평생 경험한 산책의 즐거움을 압도해버릴 만큼 클지도 모른다는 생각이 스친 건 불과 얼마 전이다.

"내가 개한테 물렸어. 죽을 뻔했어."

내가 다른 사람들에게 되풀이하던 말을 빌보가 내게 하는 말로 바꾸어보고서야 알았다. 그날 우리는 함께 물림 사고를 당했지만, 그날 우리가 입은 상처와 두려움의 강도는 결코 같을 수 없다는 걸. 나를 덮친 개는 내게 허리 높이였다. 빌보에게는 자신보다 몸집이 네다섯 배나 더 큰 상대였다. 빌보는 물려 죽을 수도 있었다.

생각해보면 산책할 때마다 매번 좋은 경험만 쌓이는 것은 아니었다. 빌보는 신나서 따라나선 산책길에 동물병원으로 압송되어 주사를 맞기도 했고, 친구들과 뛰어놀다가 다리를 세 번이나 찢어먹기도 했다.

덥석 다가와 만지려고 하는 사람들, 곁에서 발을 구르는 아이들로 인해 겁먹은 적도 많았다. 빌보의 산책 기억에는 '좋다'와 '싫다'가 섞여 있었을 것이다. 좋은 산책의 총량이 훨씬 컸겠지만, 물림 사고를 계기로 '싫다' 쪽으로 마음이 확 기운 건지도 몰랐다.

빌보가 산책을 거부한 지 1년이 다 되어서야 새로운 규칙을 정했다. 빌보가 싫어하면 산책에 나서지 말 것.

규칙을 열심히 지키면서도 어쩐지 우리는 매일 꼬박꼬박 산책에 나섰다. 침대 밑으로 쏙 숨어버린 빌보를 현관문 앞으로 달려 나오게 만드는 마법의 단어 덕분이었다. 바로 빠방. 빌보는 누구든 차 키만 쥐면 잽싸게 현관문 앞으로 뛰어가 대기한다. 혹시라도 자길 놓고 우리끼리만 그 좋은 드라이브를 하러 갈까봐. 빌보는 드라이브 마니아다. 어느 정도냐면 산책하다 피곤하면 슬금슬금 갓길로 붙어서 히치하이크를 시도하는데, 언젠가는 진짜로 차 한 대를 세울 기세다. 빌보가 산책을 거부하면 주문을 외웠다. "우리 빠방 탈까?" 자기가 언제 숨었냐는 듯 총알같이 뛰어나와 꼬리를 흔드는 빌보를 태우고 가까운 동네로 드라이브 겸 산책을 나섰다. 서촌, 삼청동, 망원동, 경의선 숲길. 차를 타서 기분이 좋아서인지, 집 근처보다는 낯선 동네가 덜 무서워서인지 빌보는 훨씬 편안한 모습으로 걷곤 했다. 빠방 산책은 빌보에게 산책을 즐거움을 다시금 되살려줄 묘책이었다.

    빌보의 상처는 깨끗이 아물었지만 내 오른팔에는 두 군데 흉터가 남았다. 하나는 팔꿈치 근처에, 다른 하나는 팔뚝 안쪽에 있다. 아무 연관 없다는 듯 서로 멀찍이 떨어져 있어서 같은 날 생긴 상처처럼 보이지 않는다. 팔을 안으로 굽히고 상처와 상처 사이를 손가락으로 쭉 이어야 그날 나를 문 개의 이빨 자국이 윤곽을 드러낸다. 상처 하나만 가지고는 그날 일을 설명할 수 없다. 이런 자잘한 상처는 많고 많다. 어느 것 하나 사연 없는 상처가 없지만, 누군가에게 털어놓기에는 애매해서 입 밖에 내본 적 없는 작은 아픔들. 일본의 사회학자 기시 마사히코는 이런 부스러기 같은 이야기를 모아 《단편적인 것의 사회학》을 썼다. 책장을 넘기면 의미를 읽어낼 수 없는 단편적인 일화들이 눈앞을 지나쳐간다. 단편 하나하나를 붙들고 이 일과 저 일 사이에 선을 그어 가며 사회의 윤곽을 흐릿하게나마 그려보는 건 독자의 몫이다.

저자는 '홍콩 교도소'를 '홍콩'이라고 칭하는 전직 야쿠자의 일화를 소개한다. 각성제를 거래하다 홍콩 수사기관에 발각되어 10년 동안 수감 생활만 했으니, 그에게 홍콩은 곧 홍콩 교도소나 다름없었을 터다. 홍콩 교도소를 홍콩이라 부르는 말버릇만으로 그 사람이 버텨낸 시간을 짐작할 수 있을까. 저자는 이렇게 적었다.

누구에게도 알려지지 않은 시간이란 것이 있다. 우리는 '누구에게도 알려지지 않은 시간'이란 것도 있다는 단적인 사실을, 서로 알고 있다. 그것을 공유할 수는 없다고 할지라도. (141쪽)

빌보는 요즘도 산책을 거부한다. 산책 따위, 하루쯤 걸러도 괜찮다고 마음을 다스리지만 미세먼지가 없고 쾌청한 날씨에는 콧바람을 쐬게 해주고 싶은 욕심을 누그러뜨리기 어렵다. 슬그머니 규칙을 어기고 빌보를 어르고 달래서 끌고 나갈 때도 있다. 나는 자꾸만 내가 주고 싶은 좋은 것을 빌보에게 주려고 한다. 그러면 십중팔구 산책은 엉망으로 끝난다. 나로 인해 망친 기분을 빌보가 드라이브로 풀 수 있어서 다행이지 정말.

　　빠방 산책은 운전할 줄 아는 가족의 적극적인 협조 덕분이다. 지금 우리 집에서 장롱 면허는 나 하나뿐. 동생과 부모님은 다들 베스트 드라이버다. 나 빼고 모든 가족이 빌보를 행복하게 만들어 줄 능력을 갖춘 셈이다. 솔직히 그동안은 물림 사고로 인해 빌보가 얻은 트라우마는 그 상황을 함께 겪은 나밖에 모른다고 생각했다. 그래서 가족들이 나만큼 빌보의 산책 거부를 심각하게 받아들이지 않으면 화가 났다. 신경질을 부리곤 했다. 빌보가 말을 할 줄 알았다면 진작 내 귀에 대고 소곤거렸을지 모른다. "나가서 운전연수부터 받고 와."

　　어쩌면 정말로 우리 가족들은 나만큼 빌보의 산책 거부를 심각하게 받아들이지 않을지 모른다. 그래도 괜찮다. 빠방을 타기 위해서라면 지옥에서라도 돌아올 빌보를 위해 다들 기꺼이 시간을 쪼개어 차 키를 손에 쥐는걸. 그 마음이면 충분하다. 우리가 서로 공유할 수 없는 상처를 각자 안고 있다고 해도.

•《단편적인 것의 사회학》, 기시 마사히코, 김경원 옮김, 이마, 2016.

메밀막국수의 추억

드라이브와 산책을 결합한 빠방 산책의 횟수를 늘리면서 이동거리도 함께 늘어났다. 파주 헤이리마을에서 시작해 경기도를 접수하고, 충남 온양과 부여를 도는 친척집 순례를 해냈다. 강원도 춘천으로 봄 소풍을 다녀오기도 했다. 하루는 당일치기로 양양에 갔다. 개와 함께 출입할 수 있는 '멍비치' 폐장이 얼마 남지 않았다는 소식을 접하고 즉흥적으로 결정한 일이었다. 여행 멤버는 빌보, 나, 엄마, 아빠.

새벽같이 출발해 빌보가 아침운동을 시작하는 시간에 양양에 도착했다. 파도 위로 찬란하게 부서지는 햇빛을 배경으로 목줄 없이 첨벙첨벙 뛰어다니는 견공들. 모래에 몸을 반쯤 파묻고 잠든 아이와 코를 박고 모래를 헤집느라 바쁜 강아지. 빌보는 빨리 여기저기 참견하러 다니고 싶어서 안달이 났다. 얼른 리드줄을 풀었다. 그때까지 바다라고는 을왕리 해수욕장 밖에 안 가본 빌보는 발이 푹푹 들어가는 모래사장과 철썩철썩 소리가 나는 짠물이 마냥 신기한 듯 이리 폴짝 저리 폴짝 뛰었다. 그 와중에도 바닷물과는 철저히 안전거리를 유지하는 모습이 빌보다웠다. 아빠는 어떻게든 빌보와 물을 튀기며 뛰노는 모습을 연출하고 싶어 했지만 빌보는 고개를 돌리고 하품을 쩌억 하며 단호히 거절했다.

    물 한 방울 튀기지 않았지만 과연 물놀이는 물놀이라서 두어 시간 만에 지쳐버렸다. 다른 견공 친구가 차지할 수 있도록 파라솔을 비우고 해변에서 빠져나오는 길. 아빠가 근처에 "정주영도 다녀간 맛집"이 있다며 점심을 먹고 올라가자고 제안했다. 메밀막국수 전문점이었다. 가보니 과연 유명한 가게답게 규모가 컸고 손님도 많았다. 대기석에 그늘도 있고 앞에는 작은 정원이 조성되어 있어서 사람 셋, 견공 하나로 구성된 우리 가족이 식사하기에는 완벽한 환경이었다. 대기표를 끊고 차례를 기다렸다. 우리 차례가 되자 미리 순번을 정해둔 대로 아빠와 내가 먼저 들어가서 막국수 두 그릇을 주문했다. 빌보와 엄마는 정원에 남았다. 다음부터는 식사 순서가 헷갈릴 수 있어 표로 정리해 보았다.

식사 순서	식사조	산책조
막국수 두 그릇	아빠 + 나	엄마 + 빌보
막국수 한 그릇(추가)	나 + 엄마	아빠 + 빌보
수육	엄마 + 아빠	나 + 빌보

우리 가족은 종종 이렇게 식사조와 산책조를 정해놓고 외식을 한다. 식당에 개가 출입할 수 없다는 이유로 빌보만 떼어놓고 가족 나들이하러 갈 수는 없으니까. 관건은 음식을 주문하는 순서와 서빙 속도 조절이다. 누구는 뜨끈한 밥을 먹고 누구는 식어버린 밥을 먹으면 안 되니 말이다. 이제는 손발이 착착 맞는다. 이날도 셋 중 누구 하나 불어터진 막국수를 먹지 않았다. 동치미 메밀막국수는 정말 맛있었다. 식당과 정원을 오가는 가벼운 운동을 병행하면서 식사를 해서 입맛이 더 돌았을 수도 있겠지만.

우리가 순번대로 돌아가며 밥 먹는 모습을 보면 다들 재미있어 한다. 엄마와 아빠가 식사를 하고 내가 빌보와 대기석에 앉아서 기다리는 동안에도 손님들이 웃으며 말을 걸었다. 한번 시도해봐야겠다며 가족들과 두런두런 계획을 짜기도 한다. 그날 막국수 가게 대기석에 앉아서 생각했다. 멍비치 해변에서 보낸 시간보다도 지금 이 순간이 훨씬 행복하다고. 우리 가족은 빌보가 동네 산책의 즐거움을 잃어버린 자리에 빠방 산책이라는 새로운 즐거움을 쌓아올리는 중이다. 반려견 동반 식당이 부족한 현실마저도 우리 식으로 소화해 일상에 소소한 재미를 덧칠한다.

이다음에는 또 어떤 사건이 벌어질까. 개와 함께 하는 일상이란 지금까지 늘 그래왔듯이 순탄하지 않을 것이다. 크고 작은 파도가 밀려들겠지. 무슨 파도든 간에 빌보 발끝에 물방울 하나 튀지 않도록 모조리 막아낼 테다. 그러니 빌보는 아무 걱정 없이 그저 잘 먹고 잘 놀고 잘 자며 즐거운 하루하루를 쌓아올리기를. 뱃속에서 불고 있는 막국수를 소화시키며 그런 다짐을 했다. 그 순간 문득 떠오른 시 한 구절이 있다. 고양이에 의한, 고양이를 위한, 고양이에 대한 시다.

우리는 쌓을 수 있는 모든 것을 쌓고 쌓아 또 쌓아 매일 나는 너와 일상을 쌓아 그래서 무너질 리 없는 마음의 균형으로 일상이 쌓여 그곳을 네가 얼마든지 뛰어다니고 미끄러지고 뒹구르고 넘어지고 엎어져도 우리는 그것마저 재미나게 쌓아 (66쪽)

- 〈내 손길이 어제처럼 사라져서〉, 《우리 동네 고양이》, 황부농 지음, 이후 진프레스, 2018.

나의 이름으로 나를 불러줘

마을버스를 타고 집으로 돌아갈 때면 가급적 오른쪽을 보고 선다. 동네에 누가 누가 산책을 나와 있나 구경하기 위해서다. 우리 집 골목에서 내려오는 하얀 개가 보인다. 유심히 본다. 둥글게 말려 올라간 꼬리, 보라색으로 보이는 하네스(가슴줄), 빨리빨리 세상 구경을 하고 싶어서 바쁘게 움직이는 네 다리, 춘삼이다! 귀 끝만 노랗게 물든 흰둥이 춘삼이는 빌보의 동네 친구다. 아직 사계절을 다 겪어보지 않은 어린 개인데, 호기심이 많고 활달한 성격에 사람 친구, 개 친구 가리지 않고 좋아한다. 빌보는 물림 사건 이후로 크고 흰 개를 특히 무서워하지만 춘삼이에게는 마음을 열었다. 춘삼이를 뽀시래기 시절부터 봐와서 친근하게 여기는 것 같다. 빌보 친구 춘삼이. 이름마저 귀여운 녀석들. 빨리 집에 가서 빌보를 데리고 나와야겠다고 생각하며 버스 하차 벨을 꾹 누른다.

부자 중의 으뜸은 사람 부자라던데, 나는 30대 젊은 나이에 견공 부자로 등극했다. 가만히 이름을 부르면 두둥실 얼굴이 떠오르는 견공 친구가 얼마나 많은지. 다이어트에 성공해 부쩍 날렵해진 웬디는 오늘도 아빠와 열심히 공원을 걷고 있을까. 꽃무늬 원피스가 잘 어울리는 니니는 미용실을 지키고 있겠지. 탱크는 동물병원 유리문 앞에 엎드려 쉬면서 보호자가 퇴근하기만 기다릴 테고. 누피랑 먹물이는 푹신한 쿠션 하나를 사이좋게 차지하고 엉덩이를 포개고 누워 있으려나. 콧잔등을 실룩이는 터프한 표정으로 개껌을 사수하는 모리와 뒤를 돌아보며 아련한 눈빛을 발사하는 식혜도 보고 싶다. 훈이, 제이, 콩이, 웰링턴, 하나, 똑순이… 산책 코스가 바뀌었는지 요즘은 만나기 힘든 친구들은 어떻게 지내고 있을지.

다들 어쩜 그렇게 찰떡같이 어울리는 이름을 가졌을까. 신기하게 견공 친구들 이름은 술술 외워진다. 대부분 성격이나 외적 특징을 반영해 짓기 때문인 것 같다. 초코, 짜장이, 라떼처럼 털색을 떠올리게 만드는 이름이나 베이글(비글), 훈이(닥스훈트), 진돌이(진돗개)처럼 견종을 연상시키는 이름처럼. 가끔은 곰이나 가지 등 정체성을 의심케 하는 이름을 가진 친구와 만나기도 하는데, 몇 번 읊조리면 묘하게 설득된다. 털을 둥글게 깎은 갈색 푸들은 정말로 곰을 닮았고, 얼굴이 길쭉한 단모 닥스훈트는 보면 볼수록 가지 같으니까.

그사이 이름을 바꾼 친구도 있다. 동네 동물병원에서 생활하던 유기견 앙돌이는 새 가족을 맞이해 '보노'라는 글로벌한 이름을 가지게 되었다. 한 살배기 빌보가 앙돌이랑 놀고 싶어서 동물병원 앞을 일부러 천천히 지나가던 때가 엊그제 같은데. 벌써 3년 전 일이다. 옆 동네로 보금자리를 옮긴 보노를 요즘도 종종 마주친다. 산책 반경이 워낙 넓은 친구여서 동네 스타벅스 창가 자리에서 작업하고 있으면 창밖으로 총총 지나가고, 밤늦게 아이스크림을 사러 나갔다가 편의점 앞에서 만나고, 정말 뜬금없이 원남동사거리에서 마주친 적도 있다. 엄마 아빠와 함께 동에 번쩍 서에 번쩍 하며 산책을 즐기는 보노를 발견하는 순간은 일상의 작은 기쁨이다. 이름을 달리 부르는 것만으로 어떤 개의 인생이 완전히 달라지기도 한다.

이따금 우리 동네에 길 잃은 개가 있는지 확인하려고 동물보호관리시스템에 접속한다. 지역구를 입력하고 검색을 누르면 때로는 한 마리, 때로는 십여 마리의 사진이 주르륵 뜬다. 그 친구들이 잃어버린 게 보호자뿐만이 아니라는 사실은 단번에 알아차릴 수 있다. 이름이 적혀 있어야 할 자리에 공고번호가 적혀 있다. 그 개들은 이름을 잃었다. 콩이, 솜이, 초코 같은 이름으로 불렸을 개들이 서울-성북-2019-00×××이라는 숫자를 달고 쇠창살 안쪽에 있다. 개가 개로 태어

나는 것만으로는 존엄을 누릴 수 없다는 사실을 이렇게 또 확인한다. 이름을 갖지 못한 개는 잡아먹히거나 안락사당할 확률이 높은 것이다.

종종 생각한다. 개농장에서 사육하는 개 하나하나에 코코, 보리, 빌보 같은 이름을 지어준다면, 그래도 그 개들을 아무런 거리낌 없이 '먹어도 되는 개'로 분류할 수 있을까? 이름은 어떤 대상을 일반명사로 뭉뚱그리지 않고 낱낱이 다른 존재로 구별하게 해준다. 제각기 다른 생김새와 성격을 가진 고유한 개체임을 상기시킨다. '식용견' 한 마리를 코코라고 부를 때, 그 개가 쫑긋 세운 귀를 부지런히 움직이며 분위기를 살피는 게 특기인 소심한 황갈색 개라는 사실을 모른 체하기란 힘들 것이다.

서울 상암동 월드컵공원 반려견 놀이터 주변을 떠돌던 유기견 한 마리가 있었다. 사람은 무서워하고 개와 어울리는 걸 좋아하는 순둥이 누렁이. 보호자가 없어서 반려견 놀이터 안으로는 들어가지 못하고 근처를 서성이며 친구들이 밖으로 나와서 놀아주기를 기다렸다고 한다. 주민들은 누렁이에게 '상암이'라는 이름을 지어주고 보살폈다. 구조와 입양 계획까지 논의될 무렵, 공원에 유기견이 돌아다닌다는 민원을 받은 서부공원녹지사업소에서 포획을 시도했다. 2018년 9월 28일, 포획 과정에서 마취 총을 맞은 상암이는 너무나 안타깝게도 쇼크로 세상을 떠났다.

    월드컵공원 반려견 놀이터는 빌보와 우리 가족이 종종 찾는 장소이기도 하다. 살아있을 때도 마주친 적이 없는데. 지금도 월드컵공원에 가면 꼭 상암이가 근처에 있는 것만 같다. 빌보와는 인사를 나누고 싶은데 우리와 마주하기는 무섭고, 그렇게 설렘과 두려움을 반씩 안은 표정으로 울타리 바깥에 엎드려 있는 순한 누렁이를 생각한다. 상암이로서 '구조'될 수 있었지만 유기견으로서 '처리'되고 만 떠돌이 개. 상암이의 죽음은 이름을 가진 개와 그렇지 못한 개를 대하는 우리의 태도가 얼마나 적나라하게 다른지 보여준다.

    부끄럽기도 하다. 이름이 있는 개의 죽음을 더 오래도록 기억하는 내가. 또 한편으로는 고맙다는 생각도 든다. 상암이에게 이름을 지어준 주민들 덕분에 무리한 포획 과정에서 목숨을 잃은 유기견 한 마리를 잊지 않을 수 있음에.

    소설 '왕좌의 게임' 시리즈의 3부 《검의 폭풍》에서 드래곤스톤의 영주 스타니스는 붉은 사제의 제안대로 조카를 죽여서 그 피로 드래곤을 깨울 것인가를 두고 번민한다. 조카를 제물로 바치려는 유혹에 빠진 군주를 보며 조언자 다보스 시워스는 "그 아이의 이름을 최대한 자주 말하기로 결심"한다. 그는 스타니스가 조카를 "그 아이" "그 서자" "사생아 한 명"이라고 칭할 때마다 잊지 않고 상기시킨다.

그 아이의 이름은 에드릭 스톰입니다, 전하. (211쪽)

    빌보와 함께하면서 내 머릿속에도 다보스 시워스가 들어앉았다. 이 충직한 조언자는 내가 타인의 고통을 상상하는 능력을 잃을 때마다 잊지 않고 말을 건넨다. 그 아이의 이름은 에드릭 스톰이라고. 그 유기견의 이름은 상암이라고. 그 실험견의 이름은 메이라고. 그 식용견의 이름은 코코라고.

• 《검의 폭풍》, 조지 R.R. 마틴, 이수현 옮김, 은행나무, 2018.

개와 인간이 살고 있습니다

18년 지기와 오랜만에 만나 맥줏집에서 수다를 떨었다. 몇 년 전에 가정을 꾸려 한 살 딸을 키우고 있는 친구다. 아이를 낳고 지방에 내려가 살게 되면서 한동안 만나질 못했다. 근황 업데이트를 하는 데만도 24시간이 모자란 폭풍 수다의 시간. 이런저런 이야기 끝에 요즘 제일 많이 하는 고민을 털어놓았다.

"독립을 하고 싶은데, 할 수가 없어."

친구는 그러게 돈 좀 작작 쓰지 내 그럴 줄 알았다고 전혀 말하지 않았지만 내심 찔려서 서둘러 덧붙였다.

"빌보하고 따로 살 수가 없으니까."

정말 그렇다. 주거 독립의 가장 큰 난관은 전세 대출일 줄 알았는데, 지금 독립을 상상조차 하지 못하는 이유는 빌보다. 아침 7시면 쪼르르 침대로 와서는 모닝 입술 박치기를 시도하는 빌보 없이 하루를 여는 일이 가능할 것 같지 않다. 마치 천년을 기다린 양 격렬하게 나를 반기는 빌보 없이 하루를 보람차게 마무리할 자신도 없다. 착착착착, 빌보 발톱이 마룻바닥을 치는 소리가 들리지 않는 거실은 얼마나 공허할까(거실 딸린 집을 구하는 기적이 일어날 리도 없지만). 가끔 빌보가 개인 스케줄로 외출하면 과장을 조금 보태서 개미 지나가는 소리가 울릴 정도로 집 안이 고요해진다. 그 고요를 안은 채로 즐겁게 혼자 지낼 자신이 없다. 그렇다고 빌보를 데리고 독립할 수도 없는 노릇이다. 그런 짓을 시도했다가는 엄마 아빠가 나를 홀딱 벗겨서 내쫓을지도 모른다. 빌보는 우리 집 구성원 모두에게 소중한 가족이니까.

「반려동물은 소중한 가족입니다.」

관용구처럼 흔히 쓰는 표현이고 누구나 이 말에 이견을 달지 않지만, 정작 반려동물을 가족의 일원으로 진지하게 대하는 모습을 들켰다가는 비웃음을 사기 십상이다. '개빠' '개충' 같은 혐오 표현이 따라붙기도 한다. 예전에 회사를 다닐 때, 한 선배가 오래 돌본 반려견이 무지개다리를 건너 세상을 떠났다. 선배는 팀장에게 전화로 사정을 설명하고 당일 연차를 냈다. 그 소식을 전해 들은 옆자리 과장이 콧방귀를 뀌면서 큰소리로 내뱉은 말을 기억한다. "하여간 땡땡이치는 핑계도 가지가지야."

그때 그 과장이 했던 말이 지금도 종종 내 입을 틀어막는다. 빌보 때문에 독립을 유예하고 있다는 고민도 죽마고우 앞이니까 털어놓았지, 다른 사람이었다면 독립의 디귿과 빌보의 비읍을 절대 함께 입에 올리지 않았을 것이다. 눈빛이 달라질지 모른다. '개와 떨어져 살 수 없다고? 정상이 아닌 걸….' 나의 친구도 처음에는 살짝 눈빛이 흔들렸다. 빌보에게 지나치게 애정을 쏟고 있는 것 같다고, 관심을 다른 데로 돌려보면 어떻겠냐고 조심스레 조언했다. 돌봄이 필요한 사랑스러운 존재를 가족으로 맞이한 동지로서 이런저런 이야기를 나누고 난 뒤에는 내 고민을 이해해주었지만.

아무래도 '가족은 건드리지 말자'는 불문율이 아닌 것 같다. 하도 가족을 건드려대니까 저런 말이 유행하는 거였다. 온갖 사회문제의 원흉으로 '가족 해체'가 지목되는 것만 봐도 그렇고, "결혼은 왜 안 하느냐" "애는 왜 안 낳느냐" "둘째는 왜 안 낳느냐"라며 요러쿵조러쿵 참견하는 사람이 주변에 차고 넘친다는 사실만 봐도 그렇다. 가족에 대해서라면 누구나 한마디 보태도 괜찮다는 분위기마저 느껴진다. 그래도 결혼은 해야지, 그래도 애는 낳아야지, 그래도 부모자식이 얼굴 보고는 살아야지, 그래도 개는 개지 개가 무슨 가족이니.

빌보를 입양하고서도 한동안 "이제 결혼할 생각이 더 없어지는 거 아냐?"라는 농담 섞인 우려를 여기

저기서 들었다. 아이를 갖지 않기로 합의한 젊은 부부가 반려동물을 키우면, 동물부터 없애야 애가 들어선다는 말을 수시로 듣는다고 한다. 얼마나 놀라운지 모른다. 가족 구성원이 아이든 고양이든 이성이든 동성이든 다른 핏줄이든 나 하나뿐이든 대체 무슨 상관이기에. 결혼제도와 혈연으로 맺어진 사람 공동체만을 '정상가족'으로 보는 굳건한 믿음은 대체 언제쯤 깨질까. 핏줄과는 떨어져 살고 싶고 빌보와는 함께 살고 싶은 내 마음을 감추지 않아도 되는 날이 올까.

내가 개빠라는 소리를 듣지 않으려고 입조심이나 하고 있는 사이에도 "혼자도 결혼도 아닌" 가족을 스스로 조합한 이들이 있다. 정확하게 소개하자면 이들은 여자 둘과 고양이 넷.《여자 둘이 살고 있습니다》는 단독 세대주였던 김하나와 황선우가 살림을 합치고 가족으로 거듭나는 이야기다. 나중에 나이 먹고 은퇴하면 비혼 친구들끼리 모여서 실버타운을 짓고 살면 좋겠다 정도만 상상해본 내게는 몹시 과격하고 혁명적인 내용을 담고 있는 책이었다. "여자와 남자라는 원자 둘의 단단한 결합만이 가족의 기본이던 시대는 가고 있다. 앞으로 무수한 형태의 '분자가족'이 태어날 것이다"라는 체제 전복적 예언을 보라. "내가 결혼 안 해봐서 아는데, 정말 큰일 나지 않는다"라는 당돌한 선언을 보라. 세상에! 조만간 불온서적 딱지가 붙는 거 아닌지 모르겠다.

정상가족 모델을 흔드는 '분자가족'의 등장. W1C2(김하나와 하쿠, 티거)와 W1C2(황선우와 고로, 영배)가 W2C4로 결합하는 과정은 마치 수소 두 개가 모여 헬륨 하나로 바뀌는 태양의 수소핵융합반응처럼 뜨겁고 역동적인 에너지를 책 밖으로 방출한다. 정상가족이라는 안전한 울타리 안에서 남몰래 분자가족을 꿈꿔온 반동분자는 가슴이 뜨거워진다. 나뿐이 아닐 터다. 《여자 둘이 살고 있습니다》는 중쇄를 거듭하고 있으니, 곳곳에서 뜨겁게 달궈진 반동분자들이 정상가족의 틀을 부수고 속속 튀어 오를 것이다. 여자와 여자가 서로를 생활 동반자로 선택하고, 인간과 개가 가족을 이루는 세상이 온다. 세상이 스스로 올 생각이 없다면 우리 반동분자들이 일어나 멱살을 잡아서라도 끌고 와야겠지.

나 역시 변화에 동참하기 위해 이런저런 대안을 고민하고 있다. 꼭 한 지붕 아래에서 함께 살지 않아도 가까운 이웃으로서 가족관계를 유지할 수 있지 않을까? 집을 공유하는 가족이 아니라 동네를 공유하는 가족이 되는 거다. 종종 집 근처 1킬로미터 이내 매물을 검색해본다. 내가 사는 곳은 서울 성북동. 1인 가구가 많이 사는 동네가 아니다 보니 월세는 드물고 소형 매물은 더더욱 드물다. 당연히 집값이 비싸다. 경제활동을 시작한 지 채 10년이 되지 않은 프리랜서가 감당하기 힘든 수준이다. 현재 정부의 주거 지원 정책은 정상가족에 맞춰져 있어서 비혼 세대주를 위한 주택정책이 부족하다. 임대주택을 신청할 때 제일 작은 평형만 가능하거나 대출을 받을 때에는 나이나 연봉 등 자격기준이 까다롭다. 한마디로 국가 지원도 기대하기 어렵다.

반년 전쯤, 지금 살고 있는 빌라 지하층이 비었을 때는 어찌나 솔깃하던지. 개발제한구역이자 지하층이라는 프리미엄(?) 덕분에 전세금은 주거래은행과의 대타협을 통해 어찌어찌 구해볼 수 있는 정도로 낮게 형성되어 있었다. 위층이 혈연으로 맺어진 이웃이라서 층간소음을 염려할 필요 없이 빌보와 우당탕거릴 수 있다는 점도 매력적이었다. 복층 주택에 사는 느낌으로 부모님과 '따로 또 같이'를 실현해 볼까? 명색이 독립인데 계단 25개 아래로의 독립은 좀 아닌 것 같아서 포기했지만. 장장 6개월 동안 비워진 채로 끝없이 나를 유혹했던 아랫집에는 얼마 전 새 가족이 이사를 왔다.

행복주택도 알아보았지만 빌세권(빌보와 가까운 주거지역)으로는 구할 수가 없어서 포기했다. 서울시에서 빈집을 활용하여 청년과 신혼부부 등에게 저렴하게 공급하는 사회주택이 마침 동네에 두 채나 있다는 정보를 입수했을 때는 가슴이 두근거렸다. 공급가가 고시텔 수준으로 정말 저렴했기 때문이다. 입주자들과 공동생활을 해야 하는 구조라는 사실을 깨닫고는 이내 심장이 딱딱해져 버렸지만. 물론 공동생활을 통해 얻을 수 있는 즐거움이 분명 있을 것이다. 그래도 공동체 구성은 나 스스로 하고 싶다. 당장 부족한 목돈 때문이 아니라.

요즘은 빌세권으로 집을 구하기에는 턱없이 부족한 독립자금을 기가 막힌 아이디어로 메울 수는 없을지 고민하고 있다. 가령 부모님과 힘을 합쳐 더 큰 평수로 옮겨서 지금보다 넓은 개인 공간을 확보하는 방법이다. 오래 함께해서 서로를 잘 알고 있고, 미우나 고우나 서로를 사랑하는 가족과 새로운 공동체를 만들어 보는 것도 괜찮지 않을까 싶다. 물론 부모님께는 (차마) 제안하지 않은 나만의 아이디어다.

어쨌든 머릿속으로나마 가족을 해체해 새롭게 조립해보는 상상은 지금의 가족 형태를 더 나은 방향으로 바꾸어나가는 데도 도움이 되는 것 같다. 고쳐야 할 게 한둘이 아니다. 일단 내가 엄마 아빠를 거실로 내몰고 안방을 차지하고 있는 것부터가 문제다. 짐이 많아서 그렇다고는 하지만, 짐부터 줄여봐야겠다. 지금처럼 생계는 아빠에게 의존하고 살림은 엄마에게 의존하는 가부장제적 관계를 바로잡는 과정 없이 가족을 재조립하기는 어려울 듯싶다. 호적을 파느니 마느니 너랑은 사느니 못 사느니 싸울지도 모르겠다. 그래도 우리 가족과 나 사이에는 빌보라는 대타협점이 있으니 서로 조금씩 양보하면 아름다운 분자구조식을 이룰 수 있을 것도 같은데…. 하여간 어떤 선택을 하든, 내가 결합하는 가족의 분자식은 B1G1로 시작할 것이다. 빌보 한 마리와 구달 한 명.

그나저나 이미 '완성형'인 정상가족을 해체해서 재조립한다니, 내가 떠올렸지만 참으로 불온한 생각이다.

• 《여자 둘이 살고 있습니다》, 김하나·황선우, 위즈덤하우스, 2019.

슬픔을 덜어주는 따뜻한 온기

새벽녘 문득 잠에서 깬다. 잠잠히 가라앉아 있던 슬픔이 누군가 헤집은 강바닥 흙처럼 검게 일어난다. 베개에 얼굴을 파묻고 숨죽여 운다. 2017년 겨울, 샤이니 멤버이자 데뷔한 날부터 줄곧 내게 소중한 존재였던 종현을 떠나보내고 난 뒤 생긴 버릇이다.

어떻게 설명할 수 있을까. 가벼운 인사말 한마디 나눈 적 없지만 때로는 그 누구보다 가깝게 느꼈던 사람을 잃은 마음을. 〈누난 너무 예뻐〉 활동 당시의 풋풋한 모습부터 시작해서, 가장 아끼는 앨범과 인상 깊었던 인터뷰 내용까지 하나하나 다 말하지 않으면 안 된다. 조금만 감동해도 툭 터지던 눈물, 언제나 다정했던 말투, 장난칠 때 웃음소리, 핑크색 머리, 마음을 토닥여준 노랫말, 무대 위에서 반짝반짝 빛나던 순간들까지. 모조리 털어놓다 보면 나를 잠식한 슬픔이 듣는 이에게 전염될지도 모른다. 차라리 홀로 우는 편을 택한다.

그때 발소리가 들린다. 어둠 속에서 나타난 검은 얼굴이 눈을 동그랗게 뜨고 나를 본다. "빌보 왔어?" 울음에 잠긴 목소리로 빌보를 부르며 손을 뻗는다. 이내 손끝이 축축해진다. 빌보가 내 손을 핥고 있다. 천천히, 부드럽게. 눈을 감은 채로 얼굴을 내밀면 눈동

자 위를 핥는다. 가느다랗게 새어나간 울음소리를 듣고 잠결에 달려온 빌보가 혀끝으로 나눠 주는 따뜻한 온기. 감동할 틈도 없이 중간을 모르는 녀석이 어느새 얼굴 전체를 세수시켜 줄 기세로 덤벼든다. 그 정도면 충분하다고 등을 토닥토닥 두드리며 빌보를 안심시킨다. 이불자락을 들어 올린다. 다시 꿈나라로 돌아가자고. 이 정도면 위로할 만큼 했다고 생각하는지 빌보는 슥 몸을 돌려 거실로 나가버린다. 피식 웃음이 난다. 슬픔이 가라앉는다.

　몸살감기에 걸려 오슬오슬 떨고 있으면 제 몸을 내 몸에 포개고 온기를 나누어주는 빌보다. SNS로 알게 된 랜선 강아지가 무지개다리를 건너 세상을 떠났다는 소식에 눈물을 뚝뚝 흘릴 때 다짜고짜 겨드랑이 사이로 머리를 밀어 넣어 나를 웃게 만든 녀석. 깊은 한숨을 내쉬었더니 전단을 물어 와서는 이거나 뜯으며 스트레스 풀자며 몸소 시범을 보이던 나의 개. 한번은 꿈에서 뺑소니 사고를 당했다. 모두가 사고를 목격했는데 아무도 내게 다가오지 않았다. 온몸의 뼈가 부서진 채로 내 이야기를 들어줄 상대를 찾아 헤매야 했다. 그 악몽 속에서마저 빌보는 끝까지 내 뒤를 졸졸 따라 걸어주었다. 덕분에 눈물범벅인 채로 깨어나지 않을 수 있었다. 빌보가 없을 때는 매일 밤 울면서 깨어날 만큼 악몽으로 고통받던 나였는데, 꿈에서나 현실에서나 빌보만 곁에 있으면 나는 틀림없이 괜찮아진다.

잠이 많은 빌보가 내 슬픔을 알아채지 못한 새벽에는 책장 앞에 선다. 언제나 같은 책을 고른다. 안톤 체호프의 단편소설집이다. 책갈피를 끼워둔 곳을 펼친다. 제목은 〈우수〉. 이미 수십 번을 읽어서 몇몇 구절은 암송할 정도로 좋아하는 소설이다. 며칠 전 아들을 잃은 마부 이오나가 승객들에게 아들 이야기를 꺼내려고 하지만 번번이 외면당한다는 내용이다. 결국 마부는 마구간으로 가서 말을 쓰다듬으며 슬픔을 털어놓는다.

말은 먹이를 씹으면서, 귀를 기울이는가 하면, 주인의 손에 입김을 불어 넣기도 하였다…. 이오나는 열심히 말에게 모든 것을 이야기한다…. (166쪽)

예전에는 말과 단둘이 남은 마부가 지독히도 애처로워 보였다. 마부를 끝끝내 외면하는 승객들의 비정함이 마음을 괴롭히기도 했다. 한데 지금은 말이 마부의 손에 불어 넣은 입김이 마음을 건드린다. 빌보가 손을 핥아줄 때의 감촉을 떠올리며 생각한다. 부디 말이 건넨 위로가 마부의 슬픔을 잠시나마 잠재워주었기를.

한동안 일부러 피했던 종현의 노래를 요즘은 잠들기 전에 꼭 틀어놓는다. 더 슬플 줄 알았는데, 오히려 위로받고 있다. 늘 그랬듯이 틀림없이 나를 감싸 안아주는 따뜻한 목소리. 지금은 〈하루의 끝〉이 흘러나오고 있다. 종현의 자랑거리였던 반려견 루에 대한 애정이 곳곳에 묻어나는 노래다. 루는 빌보와 털색까지 꼭 닮은 아홉 살 난 장모 닥스훈트. 루의 작은 어깨가, 종현의 뭉툭한 손이, 하루의 끝에 맞닿아 서로를 위로하는 모습을 그려본다. 오늘 새벽에도 빌보가 내 곁으로 와 주기를 바라본다.

• 〈우수〉, 《콘트라베이스와 로맨스》(안톤 체호프 선집 2), 안톤 체호프, 김성일 옮김, 범우사, 2005.

쥐와 개와 인간이 얽힌 세상

왜 영화에서는 더럽고 음산한 풍경을 묘사할 때 꼭 시궁쥐를 클로즈업하는 걸까. 등장인물이 감옥이나 골방에 갇힌 상황에서도 어김없이 쥐가 찍찍거리며 기어 나온다. 비참한 현실을 극명하게 보여주려는 장치인지는 모르겠으나, 설치류 공포증이 있는 나로서는 매번 몸서리치며 눈을 질끈 감는다. 여간 고역이 아니다. 한데 며칠 전 처음으로 쥐의 짧지만 강렬한 연기를 끝까지 지켜보았다. 쓰레기 더미를 향해 일사불란하게 움직이기까지 같은 장면을 몇 번이나 반복해서 찍었을까, 저렇게 더러워 보이려고 얼마나 고약한 분장을 받았을까. '시궁쥐 1'로 영화에 출연하게 된 쥐의 속사정을 생각하니 도무지 눈을 뗄 수가 없었다. 물론 3초 만에 장면이 바뀌기는 했다. 그래도 그 3초를 못 참고 매번 고개를 돌렸던 내게는 작지만 의미 있는 사건이었다.

시궁쥐를 연기하는 쥐의 사정 같은 걸 어째서 알고 있느냐 하면, 책에서 읽었다. 영화감독 니시카와 미와가 쓴 산문집 《고독한 직업》이다. '영화에 얽힌 X에 대해' 풀어놓은 장에서 그는 신작 영화에 쥐를 출연시켰던 일화를 들려준다. "그로테스크해서 외면하고 싶어지는 인생의 오점 같은 존재"로서 시궁쥐를 등

장시키기로 결심한 니시카와 미와 감독. 감독의 연출 의도를 실물로 구현하기 위해 조감독 S는 쥐 두 마리를 사들인다.

쥐 담당이 된 조감독 S는 싫은 기색도 없이, 그렇다 해서 즐겁지도 않은 듯 그저 자신의 직무를 완수해내기 위해 담담하게 똥을 닦아내고 먹이를 주고 꼬리를 잡아서 조련했다. (85쪽)

그렇게 준비된 쥐들은 촬영 당일 콩고물과 오징어 먹물을 온몸에 칠한 채로 꼬리가 붙들리는 등 온갖 지독한 꼴을 당한 끝에 오케이 사인을 받는다.

영화에 출연하는 쥐를 스태프 개인이 직접 마련하는 줄은 꿈에도 몰랐다. 아니, 쥐가 카메라 앞에 서기까지의 과정에 관심을 기울인 적이 없다고 말하는 편이 정확할 것이다. 생각해보니 영화사에서 연기력이 입증된 쥐를 체계적으로 관리하고 현장에 투입할 리 만무했다. 그제야 궁금해졌다. 촬영이 끝나면 연기자와 제작진은 해산한다. 모든 스태프가 원래 있던 곳으로 돌아갈 때, 쥐들은 어디로 돌려보내질까? 니시카와 미와가 쥐는 어떻게 할 거냐고 묻자 S는 대답한다.

이대로 기를 거예요. 놓아줘도 이 녀석들은 못 살 테니까요. (86쪽)

연기하는 쥐가 얽혀드는 순간 인생은 복잡해진다. 동물을 다루는 영화계의 관행이 대략 어떠한지 검색해보아야 하고, 〈리틀 포레스트〉의 백구 오구며 〈해리 포터〉의 흰올빼미 헤드위그며 즉각적으로 떠오른 영화 속 동물 친구들이 스크린 바깥에서도 잘살고 있는지 찾아봐야 한다(오구는 영화의 프로듀서를 맡았던 분이 입양했다고 한다. 헤드위그는 흰올빼미 네 마리가 연기했다. 그 친구들 거취는 확인하지 못했지만, 해리 포터 시리즈의 인기와 맞물려 인도네시아에서 야생 올빼미 밀렵이 급증했다는 씁쓸한 기사를 접했다). 한 생명체의 운명을 스태프 개인에게 떠안기는 영화 제작 시스템이 과연 옳은지도 따져 물어야 한다. 무엇보다 눈을 질끈 감아버리면 그만인 장면에서 3초나 눈을 뗄 수 없는 것이다. 외면했던 장면을 바라보는 일에는 괴로움이 따른다. 니시카와 미와는 어쩌자고 이런 시시콜콜한 일화까지 죄다 털어놓아 사람 마음을 불편하게 만든 거냐며 원망하고 싶어진다. 오다기리 조 캐스팅 비화나 더 자세히 써주지.

말은 이렇게 하지만, 사실 알고 있었다. 그동안 모르고 살았던 'X'에 대해 알아가는 과정이 나를 조금 더 나은 사람으로 만들어 주리라는 것을. 이미 빌보를 통해 개에게 얽혀버린 경험이 있기 때문이다. 빌보와 함께하고부터 개들이 어찌나 눈에 뜨이던지. 산책 나온 개, 병원 가는 개, 큰 개, 작은 개, 목줄 없이 골목을 쏘다니는 개, 마당에 묶여 사는 개, 활기찬 개, 심심한 개, 아픈 개, 어린 개, 늙은 개, 버림받은 개, 복날에 잡아먹힌 개, 사람이 때려죽인 개, 강아지 공장에서 평생 새끼만 낳는 개…. 닥스훈트 한 마리와 연을 맺으니 이 세상 모든 개의 사정에 민감해졌다. 개를 위해 조금씩 몸을 움직이게 되었다. 아직은 너무나 소심한 수준이지만. 동물실험제도 개선을 요구하는 국민청원에 서명하고, 동물권행동 카라의 '개식용 종식을 위한 헌법소원'에 청구인으로 참여하고, 동물구호단체 비글구조네트워크에 매달 약소하나마 후원금을 보탠다. 당연한 변화다. 개의 고통을 외면하지 못하게 되었으니, 개의 고통을 줄이기 위해 노력하는 수밖에 없다.

　　조감독 S의 쥐들은 영화가 완성될 무렵에 갑자기 죽었다고 한다. 니시카와 미와는 그 소식을 접했을 때 느낀 감정을 이렇게 설명한다.

누가 볼지도 모르는 영화의 한 장면으로 인해 사람은 또다시 이런저런 밤을 보내게 된다. 모처럼 "징그러워!"라고 기뻐했던 장면도 그날부터 이제 내게는 다르게 보이기 시작했다. (89쪽)

니시카와 미와에게 다르게 보이기 시작한 장면이 이제 내게도 다르게 보이기 시작한다. 그가 시시콜콜한 쥐의 캐스팅 비화를 성실히 글로 옮겨준 덕분이다. 나도 이런 글을 쓰고 싶다. 더는 외면하지 않게 된 장면을 성실히 기록하고 싶다. 세상의 시시콜콜한 사연에 눈뜨는 사람이 늘어날수록 세상이 조금씩 나은 방향으로 바뀌어 갈 것이라고 믿으니까. 쥐와 개와 인간이 얽힌 세상에서, 쥐와 개와 인간 모두 행복하기를 바라니까.

• 《고독한 직업》, 니시카와 미와, 이지수 옮김, 마음산책, 2019.

맺는 글

이 책의 표지는 일러스트레이터이자 나와 빌보의 친구이기도 한 문제이 작가가 그렸다. 베개를 사이좋게 나누어 베고 거실 창틀에 기대어 스르륵 잠든 빌보와 나. 그림을 보며 생각했다. 개와 함께하는 행복에 대해서는 글을 더 보태지 않아도 되겠구나. 우리가 누리는 행복이 바로 이 장면에 응축되어 있다. 가족 모두 집을 비운 오후, 베개를 들고 거실로 나가 창틀에 기대어 책을 읽는다. 솔솔바람이 불어온다. 나뭇잎이 흔들리며 작은 소리를 낸다. 어슬렁어슬렁 빌보가 다가온다. 내 어깨 근처에 슬쩍 자리를 잡는다. 손을 뻗어 빌보를 쓰다듬는다. 슬슬 졸려온다. 책장을 덮고 빌보와 얼굴을 맞댄다. 단잠에 빠져든다. 우리는 안전하고 나른하고 평온하다. 서로에게 완전히 무해하다. 본문에서 읽은 내용을 모조리 잊어버린다 해도 표지 그림 속 풍경만큼은 여러분의 기억에 오래도록 남았으면 좋겠다.

그런데 빌보는 정말 잠들었을까? 빌보의 시선이 어쩐지 내가 배 위에 올려둔 책을 향하고 있는 것 같다. 이미 빌보가 물어뜯어서 귀퉁이 한쪽이 잘려 나간 책. 빌보는 나비처럼 날아서 벌처럼 책을 휙 낚아채 후다닥 도망칠 궁리를 하고 있는지도 모른다. 나머지 귀퉁이 한쪽을 마저 잘근잘근 씹고 싶어서.